# 城市交通信号控制系统
## 原理及实现

谭墅元　郑国荣　郭伟伟　刘小明　王　力　编著

Principle and Implementation of
Urban Traffic Signal Control System

·北京·

## 内 容 简 介

本书全面、系统地介绍了城市交通控制系统的设计及实现方法，包括城市交通信号控制系统概述、控制系统实验平台开发环境、交通信号控制理论基础、固定配时信号控制器程序设计、感应信号控制原理及程序设计、信号控制系统数据库设计、信号控制系统通信设计以及信号控制系统管理平台设计等内容。

本书可作普通高等院校交通设备与控制工程、交通运输工程、交通工程、智慧交通及自动化等专业本科生和研究生的教材，也可作从事相关工作的工程技术人员和科研人员的参考书。

**图书在版编目（CIP）数据**

城市交通信号控制系统原理及实现 / 谭墍元等编著. —北京：化学工业出版社，2022.1（2024. 1重印）

ISBN 978-7-122-40187-8

Ⅰ. ①城…　Ⅱ. ①谭…　Ⅲ. ①市区交通-交通信号-自动控制-高等学校-教材　Ⅳ. ①U491.5

中国版本图书馆 CIP 数据核字（2021）第 225880 号

责任编辑：陈景薇　　文字编辑：冯国庆

责任校对：王鹏飞　　装帧设计：张　辉

出版发行：化学工业出版社（北京市东城区青年湖南街 13 号　邮政编码 100011）

印　　装：北京科印技术咨询服务有限公司数码印刷分部

787mm×1092mm　1/16　印张 10　字数 243 千字　2024 年 1 月北京第 1 版第 2 次印刷

购书咨询：010-64518888　　售后服务：010-64518899

网　　址：http://www.cip.com.cn

凡购买本书，如有缺损质量问题，本社销售中心负责调换。

定　　价：**59.00 元**

# 前 言

交通信号控制是定义道路通行权分配的重要工具。自交通信号控制出现以来，其由传统固定配时信号控制到感应式信号控制，再到车路协同环境下的交通感知与控制，完成了从宏观到微观、从路权粗放式管理到道路资源全时空精细化分配的进阶。

本书面向交通设备与控制工程、交通运输工程、交通工程、智慧交通及自动化等专业本科生和研究生，以及从事交通控制相关工作的技术及管理人员，重点介绍了与城市交通控制系统相关的理论知识、模型算法、技术工具以及实现案例，包括现场控制系统、数据库系统、通信系统、中心系统等主要内容。本书配套了城市交通控制系统开发平台及实验教程，读者可参阅辅助使用。

本书共分为 8 章，由浅入深、理论联系实际地对城市交通控制系统相关基础知识及技术实现进行了介绍和阐述：第 1 章介绍了城市交通控制发展历程和趋势，并对典型交通控制系统进行了说明；第 2 章介绍了该教材配套实验平台的基础研发环境；第 3 章对交通信号控制理论进行了讲解，包括固定配时信号控制、感应信号控制和干线协调控制等常见控制模式；第 4 章和第 5 章分别讲解了固定配时信号控制、感应信号控制的算法需求分析、控制器程序设计、实现和优化；第 6 章介绍了数据库系统基础知识和数据库设计常用方法，并结合两类典型数据需求阐述了控制系统数据库设计及实现过程；第 7 章介绍了计算机网络基础知识和 socket 编程接口，并结合控制器通信需求特点，讲解了控制系统通信协议设计和通信程序设计及实现方法；第 8 章介绍了信号控制系统管理平台的业务需求、系统框架以及功能结构，并通过典型平台界面进行展示。期望读者通过学习本书内容，能够掌握城市交通控制系统的基础概念、关键技术及实现方法。

在本书的编写过程中，清华大学李力教授为第 1 章城市交通信号控制系统概论提供了无私帮助，特此感谢！胡钰琴、袁倩、刘福裕等在资料收集、文字及文献整理、图表绘制等方面做了大量工作，在此向他们的辛勤、无私付出表示感谢！此外，书中参阅了国内外学术论文、技术手册、MOOC 等文献资料，在此对各文献作者一并致谢！

本书涉及内容较多，由于编者水平所限，书中难免存在不足之处，欢迎广大读者批评指正。

**编　者**

# 目 录

# 第1章 城市交通信号控制系统概论

随着社会科技进步与经济发展，现代化的交通出行方式与出行工具极大地提高了城市生活速度，方便了人们的日常生活与工作。与此同时，随着城市机动车数量不断攀升，有限的城市道路资源与居民驾车出行需求之间的矛盾也更加突出，交通拥堵、交通事故以及由此引发的交通环境污染等问题日益严峻，并已上升为广泛的社会问题，如何解决城市道路交通拥堵成为一个世界性的难题。在此背景下，大规模推广应用智能交通技术提高道路交通管理水平和交通系统运行质量是实现道路交通系统良性运行的一条重要途径。城市道路交通信号控制是现代城市交通监控系统中核心组成部分，对于提高城市道路的通行能力、缓和城市交通拥挤、提高城市交通的安全性起着重要作用。

## 1.1 城市交通控制发展历程

很多研究者将1914年出现在美国俄亥俄州克利夫兰市的电气交通信号灯作为最早的地面交通控制系统，如图 1.1 所示。虽然目前的交通信号灯和早期的交通信号灯形式变化不大，但在过去的 100 多年中，交通控制从理论方法到产品系统都经历了深刻的变化。

历史上的地面交通控制是围绕着如何合理妥善解决路权竞争的问题而发展起来的。历经百年来的发展，交通系统大致经历了无控制时期、交通标志标线时期、单点定时交通控制时期、智能交通控制时期、网联车辆时期和无人驾驶时期等几个阶段。

1868 年，英国在伦敦威斯敏斯特地区安装了世界上第一台交通信号灯，标志着城市交通从此告别无序时代的开始，城市交通信号控制从此进入了人们的生活。当时的信号灯采用红绿两色的煤气照明灯，仅限于夜间使用。

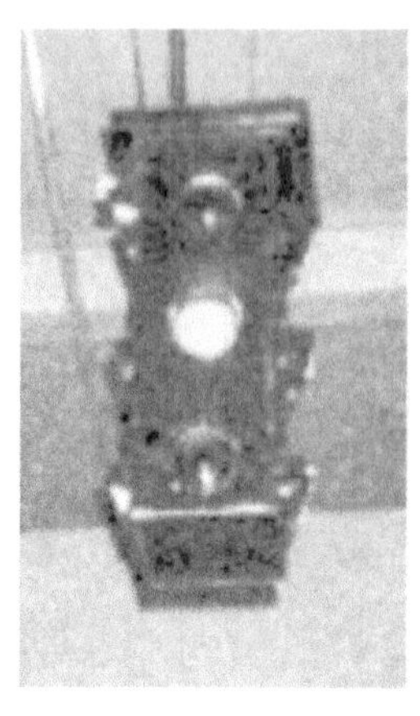

图 1.1 电气交通信号灯

1914 年，在美国克利夫兰街头出现了新的交通信号灯，此时的信号灯变为与现在信号灯极为相似的红、黄、绿三色灯，由于当时技术的局限性，所以还是采用人工操作、电力发光。

1918 年，美国在盐湖城建成了第一个使主干线上各个信号灯基于“绿波思想”同步运作的互联信号系统。与此同时，信号灯也改进为白天和晚上皆可运行的电气照明三色信号灯。

1922 年，美国休斯敦市建立了一个同步系统，它以一个交通亭为中心控制十二个交叉路口。1928 年，上述系统经过改进，形成“灵活步进式”定时系统，由于它简单、可靠、价格便宜，很快在美国推广普及。这种系统以后不断改进、完善，成为当今的协调控制系统。

1926 年，英国在沃尔佛汉普顿首次安装了自动化的控制器来控制交通信号，这标志着城市交通自动控制的开始。鉴于当时的信号灯主要采用机电设备联锁的定周期控制方式，因此数据处理功能有限，信号灯之间的协作也较少。

20 世纪 30 年代初，美国最早开始用车辆感应式信号控制器，随后在英国也得到应用，当时使用的车辆检测器是气动橡胶管检测器。

1952 年，美国科罗拉多州丹佛市首次利用模拟计算机和交通检测器进行了交通信号灯控制，并成为世界上第一个具有电子数字计算机城市交通控制系统的城市。

1964 年，加拿大多伦多市完成了计算机控制信号灯的实用化，建立了一套由 IBM650 型计算机控制的交通信号协调控制系统，成为世界上第一个具有电子数字计算机城市交通控制系统的城市，这是道路交通控制技术发展的里程碑。

20 世纪 80 年代左右，英国运输与道路实验室（TRRL）基于 TRANSYT（Traffic Network Study Tool）方法开发了 SCOOT（Split Cycle Offset Optimization Technique），澳大利亚设计了基于配时方案实时选择实现路网协调控制的 SCATS（Sydney Coordinated Adaptive Traffic System），以上两系统成为世界上优秀的城市交通信号控制系统，并在后续的应用中在技术和功能上不断得到增强与完善，除了 SCOOT 和 SCATS 系统以外，STREAM、ITACA、MOTION、RT-TRACS、SURFZ、PRODYN 和 UTOPIA 等新一代城市交通控制系统也相继推出并投入应用。

近 10 年来，随着网联车辆、自动驾驶车辆等各类新技术、新应用场景的出现，为了满足日益增长的交通需求，城市交通控制系统被认为具有巨大的发展前景。

### （1）无控制时期

最初，人们在遇到路权纷争时，往往遵从“先到先行，互相礼让”的基本原则。双方驾驶员根据各自目视的结果，决定由谁优先通过冲突区域，并按照默契各自驾驶，但是这种路权决定方式存在很多问题。

① 该决定方式非常依赖于驾驶员对周边环境的正确感知和合理判断，在车速较快、视线不佳、交通状况复杂等情况下无法正常发挥作用。

② 该决定方式依赖于驾驶员对手势等交流方式的共同理解和认知，但是由于文化差异、个体差异可能会产生不同的理解，容易造成交通事故。

③ 该决定方式在相当程度上取决于驾驶员个人的礼让精神，路权的分配很可能由“合作”演变为“竞争”，甚至“抢夺”。

由于上述三方面问题，基于默契的路权谈判很难在短时间内有效达成。因此，这一路权决定方式在汽车时代逐渐被新的交通控制方式所代替。

### （2）交通标志标线时期

1903 年，法国汽车联盟推进在全国范围内使用统一汽车标志。而直到 1930 年以后，统一交通标志法才在英国各地获得认可，使交通标志更加规范化。1935 年，美国的第一版《统一交通控制设施手册》（*Manual of United Traffic Control Devices*）出版，在全美国统一了制作交通标志的办法和标准。

1968 年，联合国颁布《道路交通和道路标志、信号协定》作为各国制定交通标志的基础，从此各国的交通标志在分类、形状、颜色、图案等方面逐渐向国际统一的方向发展。

### （3）单点定时交通控制时期

1868 年英国伦敦为调度马车的运行而设立早期的交通信号灯，这个信号灯由煤气点燃发光，但是其仅仅工作了 20 余天便因为煤气爆炸而夭折。因此，1914 年出现在美国俄亥俄州克利大兰市的电气交通信号灯才被认为是交通控制系统的首次亮相。

传统的交通控制系统将道路上的连续多个车辆视为流体，通过局部时空中的流体密度、速度和流率来简化描述车辆的运动。为了避免车辆在路口发生碰撞，一般根据车流方向划分不同的相位，在一段时间内依次切换各个相位，以便不同方向的车辆通过。所有相位切换一遍的时长称为周期，其中去掉红灯和黄灯时长，路口能被利用的有效时间和周期的比值称为绿信比。

早期的信号灯由警察根据目视所及的有限信息，进行手动控制。每个警察仅能控制一个路口的信号灯。这种控制方式缺乏足够的交通信息感知能力和联动控制机制，难以提高交通效率。其后很长一段时间，交通信号的三个主要参数（周期、相位和绿信比）均被设置为定时切换，时段内固定的方式。 这一工作方式虽然较人工控制简单，但仍然不能最大化交通运行效率。

### （4）智能交通控制时期

随着智能交通系统概念的深入和普及，城市交通控制转向信息化和智能化的方向。交通信号开始采用计算机联网控制，根据磁感应线圈、摄像头等采集的数据计算交叉路口的实时交通流量，研发相应的交通流量分配模型来确定信号配时方案，动态调整交通信号的三个主要参数——周期、相位和绿信比，实现整个交通路网的配时优化。

美国普渡大学的 Saridis 教授及其团队是最早开始智能交通信号控制研究的小组之一。其后，英国运输与道路研究所研制的 SCOOT 系统和澳大利亚 RTA 所研制的 SCATS 系统成为业界使用最广的智能交通信号控制系统。SCOOT 系统和 SCATS 系统以其动态实时自适应控制的特点，对城市交通信号控制的推动与发展起到了实质性作用。日本、美国和欧洲其他地区的智能交通信号控制系统也随之发展和普及起来。目前中国的智能交通系统发展迅速，在北京、上海、广州等大城市已经建设了先进的智能交通系统。

然而，由于受到交通信号控制范围有限、路权定义存在模糊空间、信息交互方式有待改进、信号配时优化有待提高等因素的影响，全球每年的交通事故率依然高居不下，交通效率和安全问题始终困扰着交通管理者和出行者。传统交通控制面临的上述难题，亟待新概念、新技术来破解。

### （5）网联车辆时期

最近 10 多年飞速发展的车联网(Vehicle-to-everything，V2X) 技术，以及车路协同系统的兴起和发展为上述前两个问题的解决带来新的契机。

车-车之间(Vehicle-to-Vehicle，V2V)、车-路之间(Vehicle-to-Infrastructure，V2I) 的信息交互和协同控制，使得每一辆车都可以实时感知到周边车辆的运动信息、交叉口信号灯状态以及道路环境信息；同时，车辆自身信息也能够通过通信手段传递给周边车辆和路侧设备。这意味着人们能更加合理和准确地决定路权。

① 全时空感知的信息获取使得人们减少乃至避免了误判某一特定时空区域发生碰撞的可能。路权分配的粒度大大细化，路权分配将覆盖整个道路时空，解决任意时间和空间的路权分配问题。

② 交通控制系统可以借助车路协同实时获取车辆的位置、运行速度等信息，进一步优化计算信号灯的配时。

③ 人们可以在没有信号灯的地方，将路权归属信息迅速传达给交通参与者。车路协同技术的发展使得人、车、路等交通要素之间形成一张巨大的网络，信息感知、信息交互和信息共享无处不在。路权的提示将变得更加直观易解，人类驾驶员的负担将大幅度降低。

### （6）无人驾驶时期

最近十几年持续不断方兴未艾的无人车（Auto-mated Vehicles）和自动驾驶（Autonomous Driving）技术的出现，为复杂交通控制问题的解决带来了可能。在未来若干年中，传统的交通控制将逐渐被更为精细的基于每辆车实时动态信息的自组织协同驾驶（Cooperative Driving）所替代，实现路权分配的“协同利用”。

从控制的本质上来看，传统的交通控制属于被动的反馈控制。控制系统被动地感知车流到达的变化，仅仅通过施加信号灯控制以期从当前的系统状态发展到理想的状态，而协同驾驶是前馈控制和反馈控制相结合，通过预先规划车辆轨迹来更好导向系统理想状态。

虽然协同驾驶是未来的理想发展方向，但是其仍然面临着很多亟待解决的问题。

① 在较长的一段时间中，有人驾驶车辆和无人驾驶车辆混行在道路上，如何避免驾驶员或者无人车误解对方的意图而发生碰撞是值得深入研究的课题。

② 计算的复杂性随着所需要考虑的车辆数目急速增长，如何设计合适的算法、找到较优的可行解是今后研究的热点。

③ 今后的交通系统将越来越依赖通信的实时性和可靠性来保障路权计算的合理、最优以及路权分配的及时准确。

回溯以往，不难发现，地面交通控制围绕着如何公平高效地决定路权归属和如何有效地将路权归属信息传达给交通参与者这两方面展开研究及实践，探索和实施了多种路权分配方式。

过去的 100 多年中，交通信号控制是定义道路通行权分配的重要工具。但随着车路协同理念的出现和车联网、无人驾驶等相关技术的日益成熟，正在重新定义交通控制。由传统固定配时信号控制到感应式信号控制，再到车路协同环境下的交通感知与控制，完成了从宏观到微观、从路权粗放式管理到道路资源全时空精细化分配的进阶。未来交通系统中的很多新型技术，包括共享出行、可交易路权等，都将和这一变革联系和交互，共同改变人们未来的出行方式。

未来交通系统将逐渐实现路面上没有交通信号灯设施，但每个交通参与者都在合作中有序运行的形态。简言之，就是“一路无灯、处处畅通”。这看似科幻的场景，必将在未来颠覆已有的交通控制方式，成为人工智能、自动化、控制理论、智能交通、智能汽车等多个领域的交叉研究热点。

## 1.2　典型交通控制系统

在智能交通控制时期，英国运输与道路研究所研制的 SCOOT 系统、美国西门子公司研发的 ACTRA 系统和澳大利亚 RTA 所研制的 SCATS 成为业界使用最广的智能交通信号控制系统。本节对上述三个城市交通控制系统进行介绍。

### 1.2.1　英国 SCOOT 系统

SCOOT 的全称是“周期分段补偿优化技术”（Split Cycle Offset Optimizing Technique），即绿信比、周期、相位差优化技术，是以英国 TRRL（运输与道路研究所）为主于 1973 年开始研究开发的一种对交通信号网络进行实时协调控制的自适应控制系统，1975 年该系统在格拉斯哥市进行了现场试验，1979 年正式投入使用。目前全世界已有超过 170 个城市在使用 SCOOT 系统。

SCOOT 系统是通过连续检测路网交通需求来优化每个交叉口的配时方案实时自适应交通信号控制系统。其优化过程主要靠绿信比、周期、相位差这三个优化器来进行对应的信号参数调整，使交叉口的延误和停车次数最小，如图 1.2 所示。

SCOOT 是在 TRANSYT 的基础上发展起来的，其模型及优化原理均与 TRANSYT 相仿。但不同的是 SCOOT 属于方案形成式控制系统，即结合安装于各交叉口每条进口道上游的车辆检测器实时采集到的车辆到达信息，联机进行处理并形成相应的控制方案。系统能够连续实时地调整绿信比、周期长及相位差三个控制参数，使之与变化的交通状况相适应，因此，是一种在线交通信号控制系统。

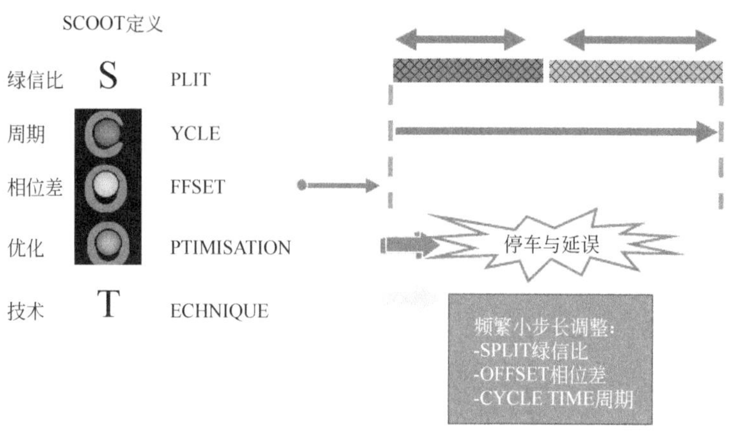


图 1.2 SCOOT 系统的定义及优化目标

SCOOT主要由交通量检测数据的采集与分析、仿真模型、交通信号配时参数的优化及调整、信号系统的控制四部分组成。SCOOT系统由车辆检测器采集交通量信息，经过处理后形成周期流量式（Cycle Flow Profiles，CFP），然后与预先存储在计算机中的静态参数（如连线上车队运行时间、信号相位顺序及相位时间等）一起在仿真模型中进行计算。SCOOT 优化程序由此计算得到信号配时的最优组合，得到的最佳配时方案立即送到控制器予以实施。SCOOT 优化采用小步长渐近寻优方法，计算量较小，从而可以跟随 CFP 的瞬间变化，使得配时方案的调整对交通流的连续性影响较小。

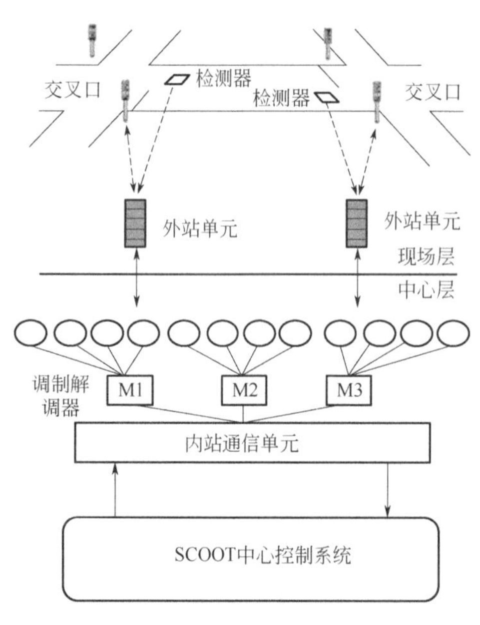


图 1.3 SCOOT 系统的两级结构

SCOOT 系统是一种两级结构，上一级为中央计算机，下一级为路口信号机。交通量的预测及配时方案的优化是在中央计算机上完成的；信号控制、数据采集、处理及通信是由信号机完成的。

如图 1.3 所示，中央计算机为中心层，路口信号机为现场层。从 SCOOT 控制系统中的抽象对象描述来看，现场层包括交叉口（Junction）、检测器（Detector）、通信模块（OTU），中心层包括控制系统、内站通信服务器（ICU）、通信接入地址号（Modem Address），SCOOT 系统的一个 ICU 上最多能配置 32 个调制解调器（Modem），每个 Modem 上最多能配置 6 个地址（Address），每个 Address 对应现场的一台信号机的外站通信设备 OTU。

SCOOT 中心控制系统对现场信号机进行信号控制的先决条件是保证中心系统和信号机的通信链路及数传正常。在信号控制之前，首先要确保信号机能正常接入控制系统。

首先，在 ICU 的监控界面上，可查看中心服务器和现场信号机的通信状态、系统地址、机型、IP 地址、上线记录等信息，方便进行网络在线状态的维护，如图 1.4 所示。

其次，需确保中心系统关于交叉口的配置参数和现场信号机的配置参数一致，才能进行正常数传及相应的控制效果，如图 1.5 所示。

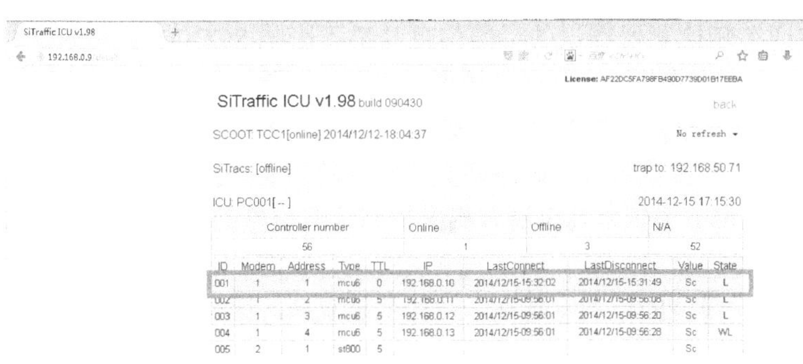


图 1.4　中心 ICU 监控界面

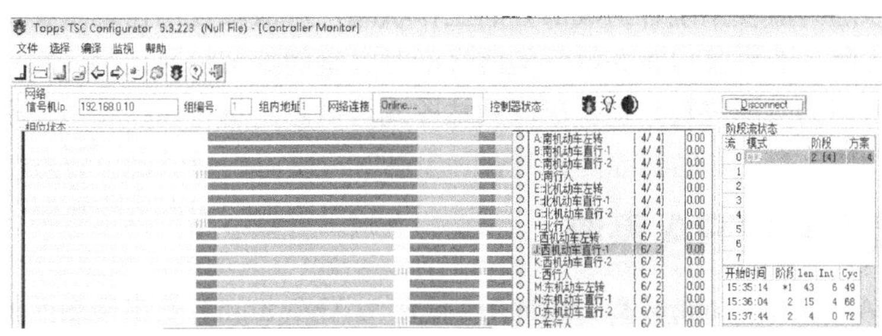


图 1.5　现场信号机的配置参数界面

SCOOT 系统的控制方案下发主要包含两部分——UTC中心定周期控制方案和SCOOT 自适应优化协调方案，两种方案的控制理念和方法不同，对应的方案描述也不同。如图 1.6 所示是 UTC 中心时间表控制界面，当前运行方案为 1 号方案，周期 80s，两个阶段的时长为 30s 和 50s。

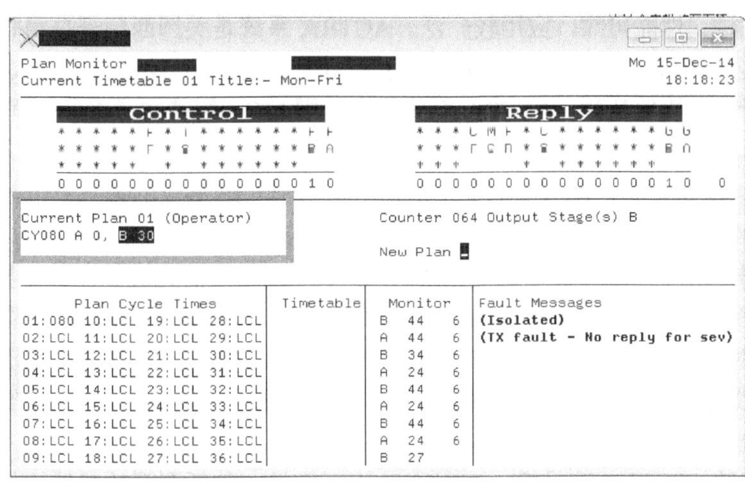


图 1.6　UTC 中心时间表控制界面

SCOOT 系统具有以下特点。

① 实用性强，几乎不受城市交通出行方式、出行起讫点分布、土地使用情况、季节性和临时性交通变化以及天气与气候变化的影响。

② 对配时参数的优化采用连续微量调整的方式，即每个信号周期内，只对绿信比和绿灯起步时时距做±(1～4)s 的调整，稳定性强。

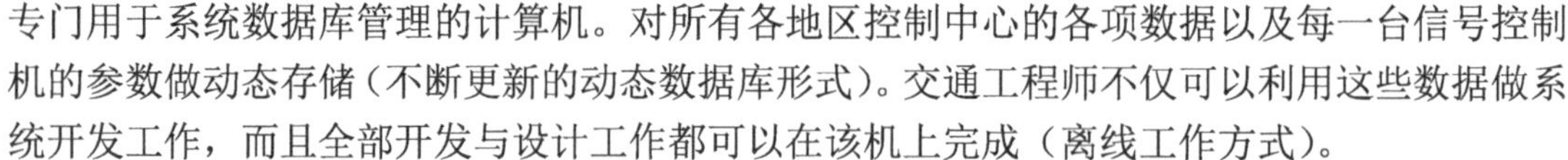

专门用于系统数据库管理的计算机。对所有各地区控制中心的各项数据以及每一台信号控制机的参数做动态存储（不断更新的动态数据库形式）。交通工程师不仅可以利用这些数据做系统开发工作，而且全部开发与设计工作都可以在该机上完成（离线工作方式）。

#### （2）区域控制机

在 SCATS 中，可根据情况安装区域控制机，每个区域控制机可控制 250 个交通信号控制器。区域控制机的主要功能是：通过分析各路口控制器送来的车流数据，进而确定控制策略，实现对本地区各交叉路口的实时交通控制。同时，区域控制机还将所收集的交叉路口的各种数据送到控制中心，作为运行记录保留并用于脱机分析。此外，区域控制机还要记录各路口控制器出现的故障。

#### （3）信号机

在 SCATS 中，每个交叉路口都安装一台以微处理器为核心的交通信号控制器（即信号机），其主要功能是：采集路口各检测器提供的实时交通数据并加以初步分析整理，通过通信网络传送到区域控制机，用以调整配时方案；接收区域控制机的指令，控制本路口各信号灯的灯色变换；在实施感应控制时，根据本路口的交通需求，自主地控制各入口信号灯的灯色变换。

SCATS 在实行对若干子系统的整体协调控制的同时，也允许每个交叉口独立地实行车辆感应控制，前者称为“战略控制”，后者称为“战术控制”。战略控制与战术控制的有机结合，大大提高了系统本身的控制效率。SCATS 正是利用设置在停车线附近的车辆检测装置，才能这样有效、灵活。所以，实际上SCATS 是一种可用感应控制对配时方案做局部调整的方案选择系统。

SCATS 具有以下特点。

① 检测器安装在停车线处，不需要建立交通模型，因此其控制不是基于模型的。

② 周期、绿信比和相位差的优化是在预先确定的多个方案中，根据实测饱和度值挑选一个。

③ 支持可变相序，可以根据交通需求改变相序或跳过下一个相位（如果该相位没有交通请求的话），因而能及时响应每一个周期内的交通请求。

④ 具有局部车辆感应控制功能。

⑤ 每个周期都可以改变周期时间。

⑥ 可以自动划分控制子区。

### 1.2.4 典型系统结构及功能

城市交通控制系统（Urban Traffic Control System，UTCS）的发展初衷是方便多个冲突车流分时使用交叉路口和避免发生交通事故发生。自 1868 年至今，UTCS 的研究已经历了百余年的发展历程，期间受到了国内外众多研究机构的关注。在其不同的发展阶段，为解决不断出现的各种交通矛盾，人们总是尽可能地把各个历史阶段当时的最新科技成果应用到交通自动控制中来，从而促进了交通自动控制技术的不断发展。城市交通控制系统监控中心如图 1.7 所示。

图 1.7　城市交通控制系统监控中心

### (1) 系统结构框架

交通信号控制中心一般采用 C/S（客户端/服务器）或 B/S（浏览器/服务器）的系统结构，以客户端、服务器和通信控制三大模块群构成，可根据不同应用需求，实现从基本交通控制系统监控到智能化综合交通管理的综合平台。目前应用软件已可以将多种子系统合理、有序、高效地集成在一起，形成了功能强大的程序包，并包括了很多标准的功能和特点。典型系统平台的结构如图 1.8 所示。

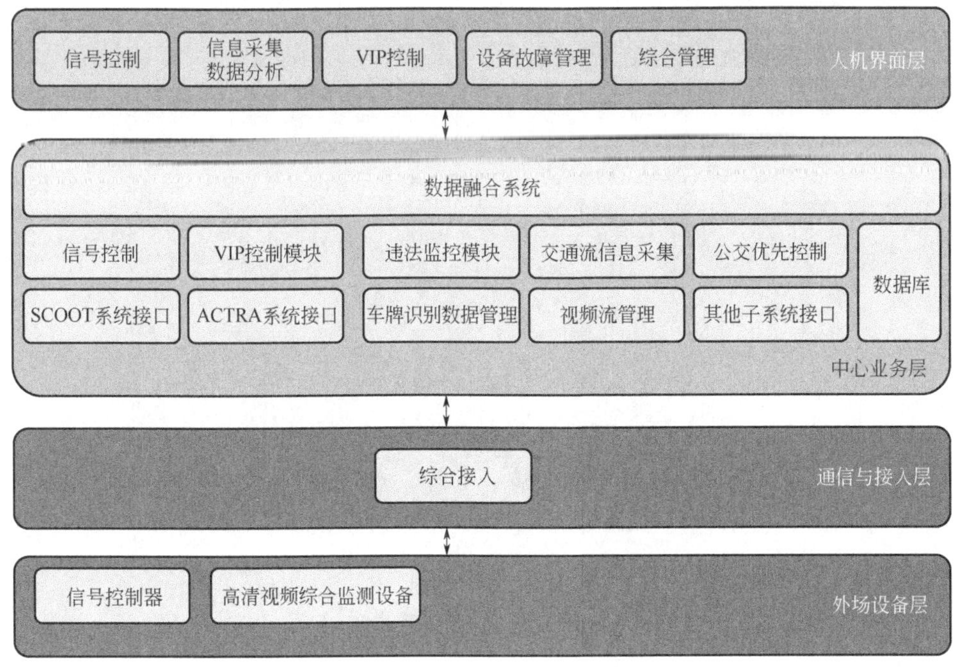


图 1.8　典型系统平台的结构

### （2）系统操作界面

系统一般采用地理信息系统（GIS）为基础的图形化人机界面，使用操作人员熟悉的Windows资源管理器操作风格，数据与功能直观易懂。该系统以北京市全城电子地图作为主地图。同时，支持用户自定义的各种区域、幅面的地图导入系统之中。自定义的地图组可以关联到子区、路口等不同的数据中，通过右键菜单可以直接切换到关联的地图，可以达到单独、详细观察的目的。也可以在左侧菜单的电子地图管理中直接选择切换地图。同时能够以图表的方式显示交通数据的统计分析。

系统提供在地图组中自由定义绘制图元，通过图元与数据对象的绑定，达到观察实时状态的目的。利用程序提供的地图绘制工具，用户可自由绘制地图或导入来自CAD等其他系统绘制的图纸，通过在电子地图上制作的图形符号与数据对象绑定，利用中心服务器传回的数据，可以实现设备状态实时监视，如设备状态、路口（阶段）、路口（相位）、阶段、相位、检测器状态、故障信息等。通过在地图上选择目标对象，利用弹出菜单即可对相应的对象目标进行各种操作。

### （3）系统功能模块

① 基于GIS电子地图的实时监控。系统中GIS电子地图具有界面友好、易于录入的功能，在中心控制界面中可实时监控整个系统的运行状态，包括区域控制机、路口交通信号控制机等设备的工作状态；直观显示设备分布（按行政区域、设备种类等）；可进行设备查询、设备定位、设备信息调用的操作；针对单台设备可以查看该设备的详细信息，包括安装位置、安装时间、设备类型、设备厂家、设备状态等信息。系统提供图形模式、数字进度条模式、嵌入监控模式等多种监控界面，用于对系统中设备的运行情况进行监视，如图1.9所示。

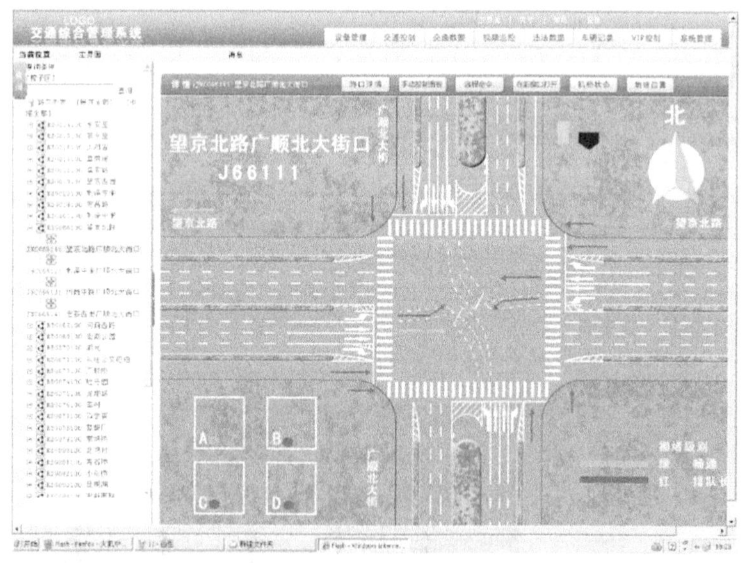


图1.9　路口实时监控界面

② 地图管理与导入功能。系统支持多种电子地图格式，背景地图既可以为矢量化图形，也可以是多种通用格式的位图图片。系统提供地图编辑、导入工具，利用这一工具，操作员

可以绘制或输入 DXF、TIF 或 BMP 格式的图形/图像文件，如全市、某一局部地区的地图、照片等，作为某图形显示窗口的背景，然后运用事先定义的设备信息，在静态背景环境下，分单层或多层建立自己的实况图形显示图，日后调用该图形窗口时，即可得到完全用户化、动/静态相结合、图形化的实时信息显示。

以路口渠化图为例，利用系统提供的数据导入功能，导入交通工程设计图（AutoCAD）并通过简单操作即可生成路口渠化图，通过该界面能实时显示路口信号状态、排队长度、当前交通状况、执行相序、相应灯色、设备状态、与中心连接情况等，并能够在路口渠化图的基础上配置路口基本参数，如图 1.10 所示。

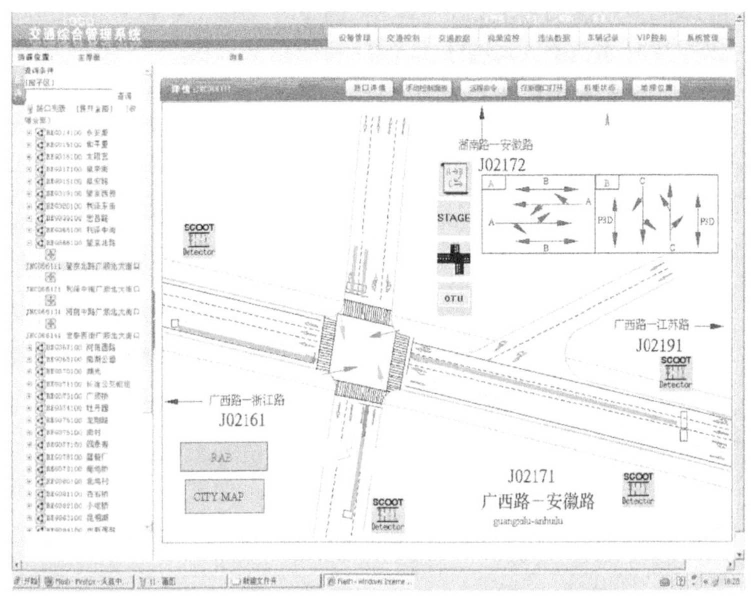


图 1.10　路口渠化界面

⑶ 上下载功能。系统提供信号控制器配置信息的上下载功能，可对所有现场交通控制器的配置参数进行上下载操作（图 1.11）。上下载功能的使用方法包括以下两种。

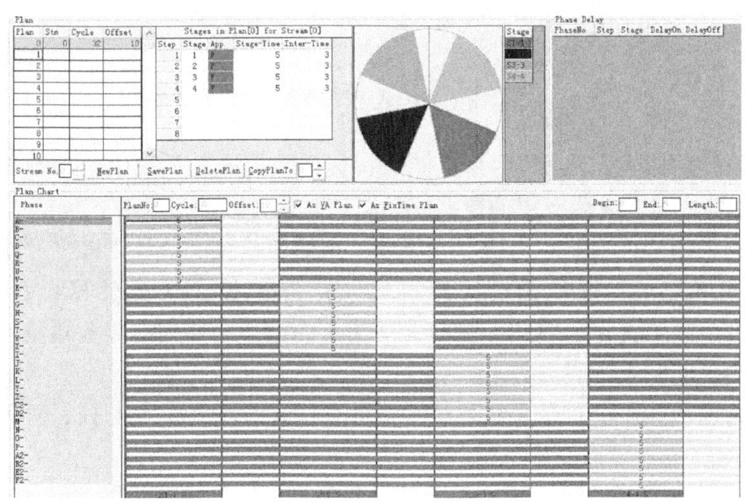


图 1.11　上下载功能界面

a. 全部参数上下载。系统通过调用交通信号控制器配置程序，在中心实现远程配置信息的上载、编辑修改、下载功能。

b. 部分参数远程设置。系统提供远程命令操作功能，利用远程命令可以快速修改信号机配置参数。此模式仅用于不涉及安全问题的参数修改，例如修改信号方案配时等。

④ 人工干预功能。系统提供中心的人工控制功能，利用这一功能，操作人员可以在中心对现场信号机进行以下操作：信号阶段调用，控制现场信号机进入某一信号阶段；信号控制模式切换，控制现场信号机进入某种控制模式。

中心人工控制的方法包括以下两种。

a. 模拟手动面板控制。中心软件提供与现场信号控制器手动面板高度仿真的虚拟手动面板，操作人员可以直接利用仿真手动面板远程控制现场信号机。

b. 命令操作。中心操作人员可以利用远程命令对信号机进行远程控制，实现远程人工控制。

人工干预界面如图 1.12 所示。

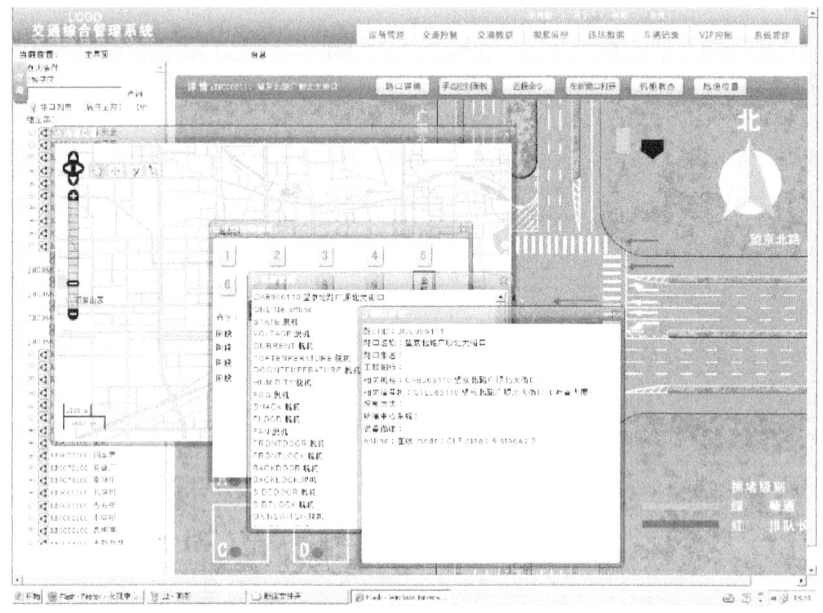


图 1.12　人工干预界面

⑤ 系统运行与数据统计。利用高性能、大容量数据库对系统中全部数据进行统一存储记录，并提供功能丰富、灵活应用的数据统计查询功能，数据记录内容包括：系统故障记录；交通事件报警记录和统计功能；启用方案记录；交通流检测、统计功能（平均流量、平均车速）；操作员登录记录；操作员修改数据记录；操作员命令记录等。系统采用通用的 KEY-VALUE 方式的数据记录模式，利用读写分离的可自由伸缩的服务器集群技术进行数据存储，并提供高性能的查询服务。

系统运行管理功能用于对全系统各个组成部分的运行状态进行监控、管理，主要功能包括以下几种。

a. 设备基础档案管理。对系统中的全部设备建立档案，管理设备的分类、编号、型号、基本配置、安装地点、安装时间、采购来源等信息。

b. 运行状态监控。对系统中设备的运行状态进行实时监控，利用GIS 电子地图直观形象地显示设备运行状态，当系统中设备发生报警、故障时，系统会自动发出报警，提醒管理人员进行及时处置。

c. 设备参数配置。利用设备远程参数配置功能可对系统中的信号控制设备、视频检测设备、视频流存储设备等进行远程维护与参数调整。

d. 现场设备机箱门禁管理。可远程控制现场机箱门锁开启，并可管理接触式电子钥匙的档案信息，通过红/黑名单管理建立电子钥匙的授权机制。

e. 统计报表与数据查询。系统提供灵活的数据查询、统计界面以及数据导出接口，可根据用户要求定义报表模板。

## 1.3 交通信号控制发展趋势

城市交通控制系统的发展和更新需要满足日益增长的交通需求。特别是随着网联车辆、自动驾驶车辆中等各类新技术、新应用场景的出现，城市交通控制系统被认为具有巨大的发展前景。

网联车辆（CV）是指可以与其他车辆（V2V）、基础设施（V2I）和其他交通参与者（V2X）进行通信的车辆。自动驾驶车辆是指在任何情况下，车辆都可以进行自动控制驾驶，人类只是乘客，不参与驾驶过程。美国交通部国家公路交通安全管理局（NHTSA）将自动驾驶分为了 5 个级别，从辅助驾驶（L1）到完全自动驾驶（L5）。

网联自动驾驶车辆（CAV）的出现和应用可以降低事故率、减少旅行时间、改善能源利用效率。而对于信号控制而言，可以尝试以下几个发展方向。

① CAV 数据可以用来提高交通流状态、信号控制效果的估计和评价准确性及实时性。

② 利用 CAV 车辆行为可预测性强的特点，可以提升交通信号配时的合理性和准确性。

③ 驾驶员和自动驾驶车辆通过与配时方案的协同合作，可以提高车辆驾驶行为，进而改善整体的交通状态并减少能源消耗。

由于网联车辆和自动驾驶车辆中新技术的应用，对传统交通流模型特征以及交通控制手段均会产生较大的影响，因此很多学者及机构开展了基于 CAV 的交通控制研究工作。图 1.13 展示了 CAV 相关交通控制研究。其中，上方的箭头表示在交通控制系统中考虑更多的车辆驾驶的趋势，下方的箭头表示在车辆控制系统中考虑更多的交通流管理的趋势。

基于 CAV 的交通控制可以分为单交叉口信号控制、干线多交叉口协调控制和交通网络化控制，而其中单交叉口信号控制是其他类型交通控制的基础。

如图 1.14 所示，对于基于 CAV 的单交叉口信号控制，根据网联车辆和自动驾驶车辆的功能，又包括了三种基本控制方法。

① 结合交通信号控制数据和 CAV 数据，驾驶员诱导系统可以指引驾驶员/自动驾驶车辆采取合适的操作以达到减少能源消耗、减少旅行时间等目标。

② 在网联车辆环境下，交通控制系统可以通过 CAV 数据改善交通信号配时和相位相序。

③ 在车联网以及自动驾驶环境下，信号-车辆耦合控制（Signal-Vehicle Coupled Control，SVCC）可以最大限度地优化车辆操控和交通控制方案。

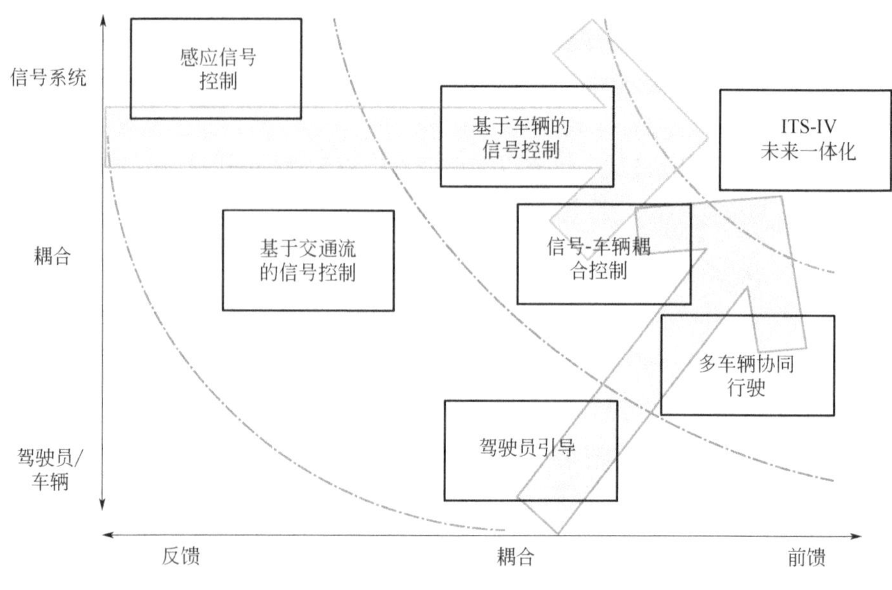


图 1.13　CAV 相关交通控制研究

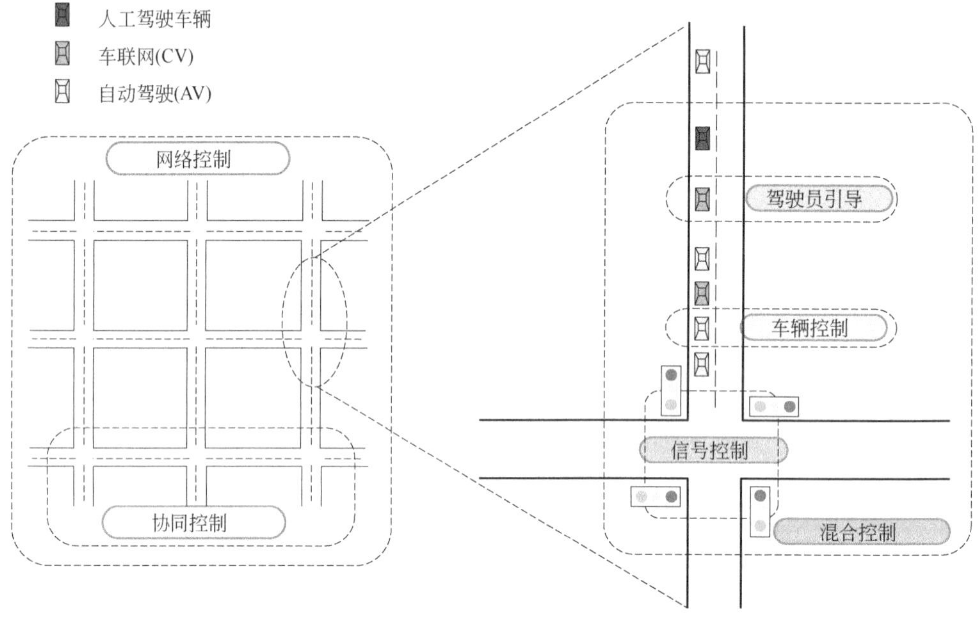


图 1.14　CAV 环境下单交叉口信号控制

### （1）基于 CAV 的驾驶员引导

基于 CAV 的驾驶员引导控制，其状态变量一般是车辆的速度和位置，同时这些状态变量遵从车辆动力学模型或者是交通流模型（例如跟驰模型）。该模式下，控制的输入一般是车辆的加速度和车辆转角，环境变量一般包括了信号配时方案。所有的控制变量均受到一定的约束限制，例如车辆加速度、速度、方向盘转角的物理极限等。上述优化问题的解一般是引导的车辆速度，而其优化目标一般包括避免闯红灯、节省能源消耗等。该模型对于自动驾驶车辆一样适用，同时由于自动驾驶车辆可以减少人类驾驶员在操作过程中的不确定性，其优化效果往往更好。

### （2）基于 CAV 的交通信号控制

基于 CAV 的交通信号控制，该优化问题的状态变量可以是排队长度、旅行时间及其他交通状态观测量。类似地，其也需要遵从状态模型，例如排队模型、LWR 模型或者跟驰模型等。控制变量是信号配时或者相位相序。环境输入包括车辆到达情况。这些变量也需要遵从一定的约束，例如周期时长、最大绿灯时长和最小绿灯时长等。基于 CAV 的交通信号控制一般基于单交叉口进行设计，然后通过修改目标函数进一步推广应用到干线控制和网络控制。

### （3）车辆和交通信号耦合控制

在之前的研究中，交通信号控制和车辆往往是独立的。在传统的交通控制系统中很少会考虑单一车辆的特征。但是在现实中，交通信号控制和车辆控制确是相互依赖存在的。例如，信号配时会影响单一车辆的运行进而影响车辆整体的状态，同时单一车辆的运行情况也是改善交通控制效果的关键输入之一。

基于 CAV，信号配时信息和车辆信息可以进行实时交互，通过这些信息可以进一步提高交通控制的效果。该优化问题中，状态变量是排队长度、旅行时间和车辆状态（例如节气门、排放系统状态、电动车电池状态等），其也需要遵从交通流模型以及车辆动力学模型等。模型的控制输入是控制方案（包括配时和相位相序等）以及车辆操控（包括加速度和转角等），控制输入需要同时受到交通控制约束（如最大绿、最小绿等）和交通流约束（如跟驰模型等）。一般而言，SVCC 这一优化问题比较复杂，其包括线性和非线性状态、离散和连续控制输入以及其他复杂约束条件，从而使得该问题的求解十分具有挑战性。

# 第 2 章
# 控制系统实验平台开发环境

交通信号控制实验箱的外观图如图 2.1 所示，做实验时可以使用网线将计算机与实验箱连接，在计算机上进行程序设计、编译、下载、调试等工作，在实验箱上触发检测器信号以及查看信号控制效果。

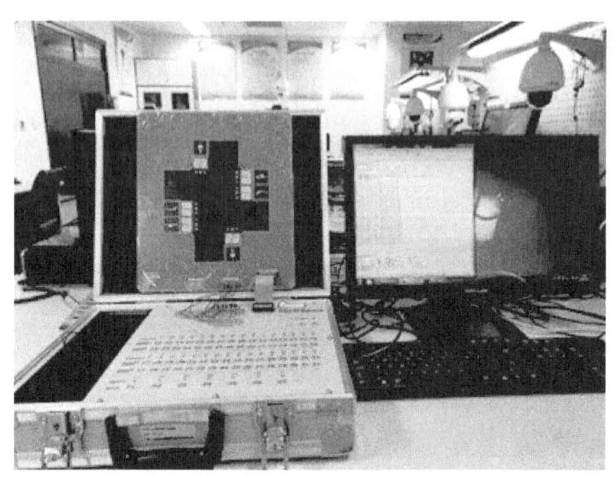

图 2.1　交通信号控制实验箱的外观

交通信号控制实验箱整体分为面板、底板和侧板三部分，面板主要包括路口渠化箭头、行人信号灯组、倒计时数码管、机动车信号灯组，可用于模拟路口的信号控制状态。底板主要包括实验箱的电源控制按键及模拟检测器输入信号的按键。通过实验箱侧板的以太网接口或者 USB 接口，可以进行程序的下载、编译、运行，也可以直接与交换机或路由器相连，联网后远程修改控制参数。

# 2.1 Linux 操作系统基础

交通信号控制实验箱的主控芯片采用赛灵思(XILINX)的 ZYNQ7010 高性能工业级处理器，基于 ARM Cortex-A9 和 FPGA 芯片作为核心，内存为 1GB（DDR），存储为 4GB（eMMc）；板载操作系统为嵌入式 Linux 发行版——32 位 Ubuntu15.04 操作系统（内核版本为 3.15.0-XILINX），并通过底层驱动控制 FPGA 端的接口，能灵活驱动实验箱上的信号灯、数码管、检测器等多路 I/O 外围接口，极大简化了软硬件控制接口开发的复杂度。

实验箱主板如图 2.2 所示。

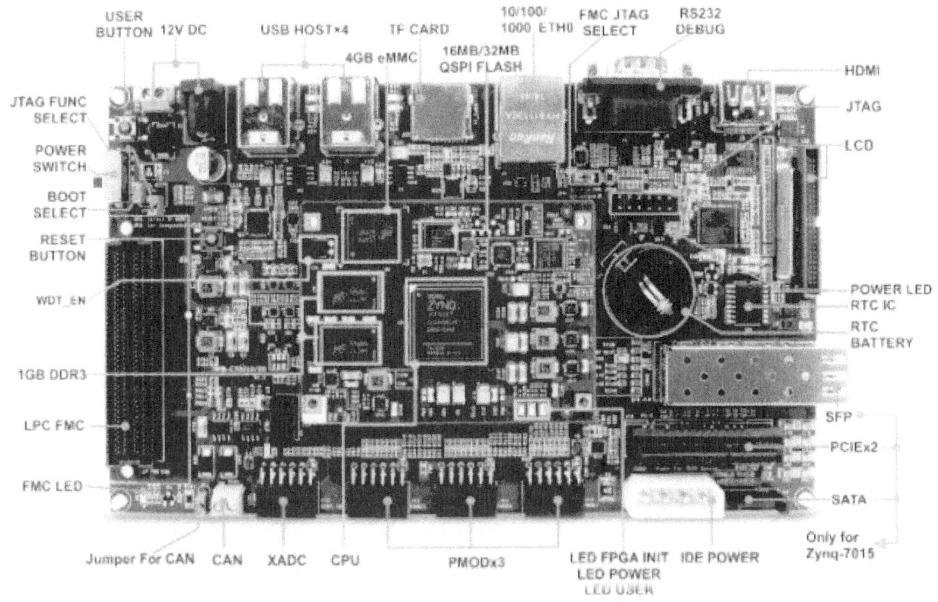


图 2.2　实验箱主板

Linux，全称 GNU/Linux，是一套免费使用和自由传播的类 Unix 操作系统，其内核由林纳斯·本纳第克特·托瓦兹于 1991 年第一次公开发布，它主要受到 Minix 和 Unix 思想的启发，是一个基于 POSIX 和 Unix 的多用户、多任务、支持多线程和多 CPU 的操作系统。它能运行主要的 Unix 工具软件、应用程序和网络协议。它支持 32 位和 64 位硬件。Linux 继承了 Unix 以网络为核心的设计思想，是一个性能稳定的多用户网络操作系统。

## 2.1.1 Linux 系统登录方式

Linux 系统有本地登录和远程登录两种方式，本地登录一般需要使用 KVM 线缆连接到服务器上在现场使用，而远程登录方式更加便捷一些，仅需要具备联网条件即可远程登录到 Linux 服务器来管理维护系统。而 Linux 系统中比较常见的是通过 SSH 服务实现远程登录功能，SSH 服务的默认网络端口号为 22。

运行 SSHSecureShellClient-3.2.9.exe 软件安装包，开始安装程序，根据提示逐步操作，完成软件安装后桌面会出现以下两个图标：SSH Secure Shell Client、SSH Secure File Transfer

Client，如图 2.3 所示。

图 2.3　SSH Secure Shell 软件快捷方式

如图 2.4 所示，登录时界面中，Host Name 为实验箱的 IP 地址（出厂默认 IP 地址是 192.168.1.217），User Name 为系统的用户名（出厂默认用户名是 root），Port 为登录端口 22，然后点击“Connect”，等待几秒后弹出密码输入框（出厂默认密码是 111111），点击“OK”或者按回车键即可。

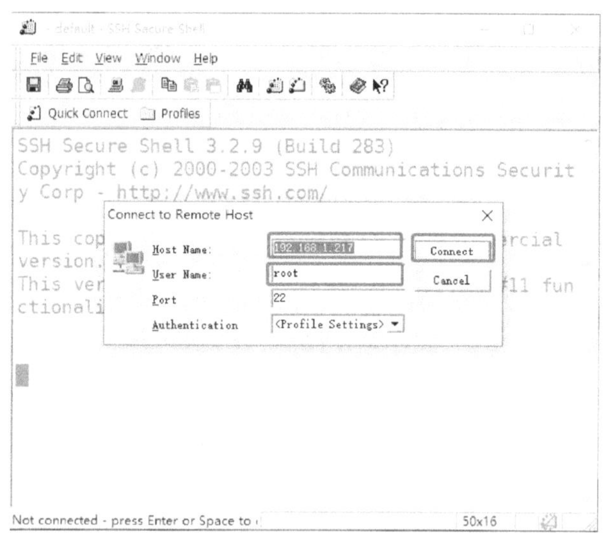


图 2.4　SSH Secure Shell 远程登录界面

## 2.1.2　Linux 系统目录结构

使用 SSH 客户端登录到实验箱的 Linux 系统后，输入“ls　/”命令（注意中间有个空格），该命令表示查看系统总目录的结构，如图 2.5 所示。

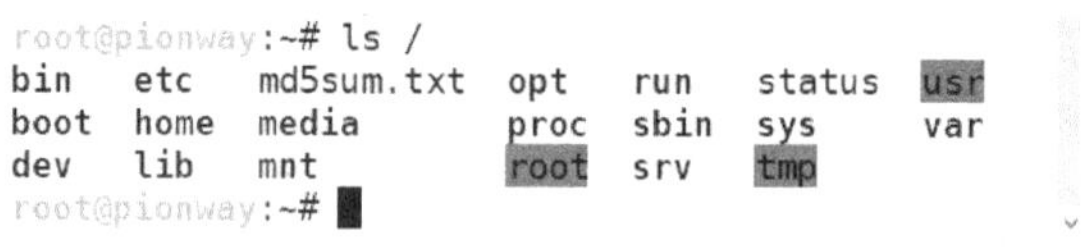


图 2.5　Linux 系统目录

其中，实验平台常用的目录如下。

### （1）/usr

usr 是 user 的缩写，关于用户的很多应用程序和文件都放在这个目录下，类似于 Windows

下的 program files 目录。

### （2）/root

该目录为系统管理员的目录，或称为超级管理员的家目录，超级管理员比普通用户拥有更高的管理权限。

### （3）/home

该目录是普通用户的主目录，在 Linux 中每个普通用户都在此目录下有一个自己的目录（称为家目录），一般该目录名是以用户的账号命名的。

## 2.1.3　Linux 系统常用基本命令

- 显示文件列表：ls 命令（list 的缩写）。
- 更换当前目录：cd 命令（change directory 的缩写）。
- 显示当前工作目录：pwd 命令（print working directory 的缩写）。
- 文件编辑命令：vi 命令。
- 复制：cp 命令（copy 的缩写）。
- 移动：mv 命令（move 的缩写）。
- 删除：rm 命令（remove 的缩写）。
- 系统时间日期：date 命令。
- 搜索文件：find 命令。
- 运行可执行文件：./命令。
- 进程查看：ps 命令。
- 杀死进程：kill 命令。
- 测试网络连通：ping 命令。

# 2.2　C 语言程序设计基础

C 语言是一门面向过程的、抽象化的通用程序设计语言，广泛应用于底层开发。C 语言能以简易的方式编译、处理低级存储器。C 语言是仅产生少量的机器语言以及不需要任何运行环境支持便能运行的高效率程序设计语言。尽管 C 语言提供了许多低级处理的功能，但仍然保持着跨平台的特性，以一个标准规格写出的 C 语言程序可在包括类似嵌入式处理器以及超级计算机等作业平台的许多计算机平台上进行编译。

## 2.2.1　编译与链接

### （1）源文件（Source File）

在开发软件的过程中，需要将编写好的代码（Code）保存到一个文件中，这样代码才不会丢失，才能够被编译器找到，才能最终变成可执行文件。这种用来保存代码的文件就称为源文件。

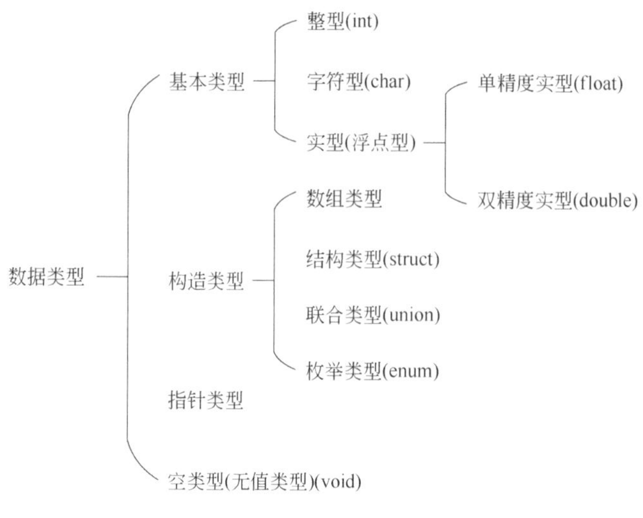


图 2.8　C 语言数据类型

**（3）变量（Variable）**

变量代表内存中具有特定属性的一个存储单元，它用来存储数据，这就是变量的值，在程序运行期间，这些值是可以改变的。

变量名以一个名字对应代表一个地址，在对程序编译连接时由编译系统给每一个变量名分配对应的内存地址。从变量中取值，实际上是通过变量名找到相应的内存地址，从该存储单元中读取数据。

变量命名的规定：C 语言规定标识符只能由字母、数字和下划线三种字符组成，且第一个字符必须为字母或下划线。

## 2.2.4　输入与输出

C 程序的所谓输入与输出是以计算机主机为主体而言的，其中输出是从计算机向外部输出设备（显示器、打印机）输出数据；输入是从输入设备（键盘、鼠标、扫描仪）向计算机输入数据。C 语言本身不提供输入与输出语句，输入与输出操作是由 C 函数库中的函数来实现的。

```
#include "stdio.h" 或:#include <stdio.h>
```

常用的输入输出函数如下。

- 字符输入函数：getchar。
- 字符输出函数：putchar。
- 格式输入函数：scanf。
- 格式输出函数：printf。
- 字符串输入函数：gets。
- 字符串输出函数：puts。

## 2.2.5　基本结构

C 语言中有三大结构，分别是顺序结构、选择结构和循环结构。

#### （1）顺序结构

顺序结构就是让程序按照从头到尾的顺序依次执行每一条 C 语言代码，不重复执行任何代码，也不跳过任何代码。顺序结构流程如图 2.9 所示。

#### （2）选择结构

选择结构也称分支结构，有选择性地执行代码；换句话说，可以跳过没用的代码，只执行有用的代码。选择结构流程如图 2.10 所示。

选择结构（分支结构）涉及的关键字包括 if、else、switch、case、break，还有一个条件运算符“? :”（这是 C 语言中唯一一个三目运算符）。其中，if…else 是最基本的结构，switch…case 和“? :”都是由 if…else 演化而来的，它们都是为了让程序员书写更加方便。

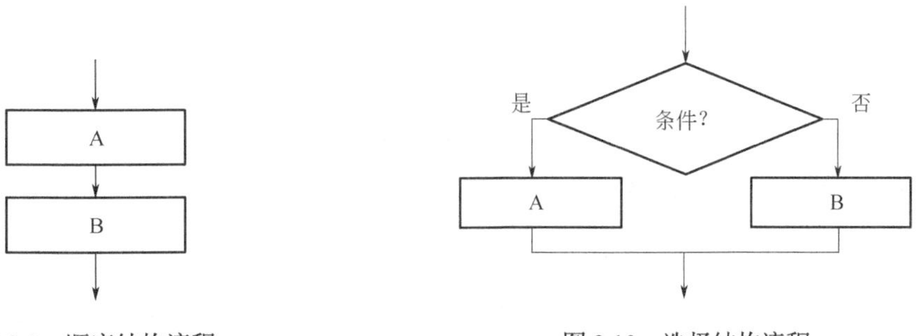


图 2.9　顺序结构流程　　　　图 2.10　选择结构流程

#### （3）循环结构

循环结构就是让程序不断地重复执行同一段代码。循环结构流程如图 2.11 所示。

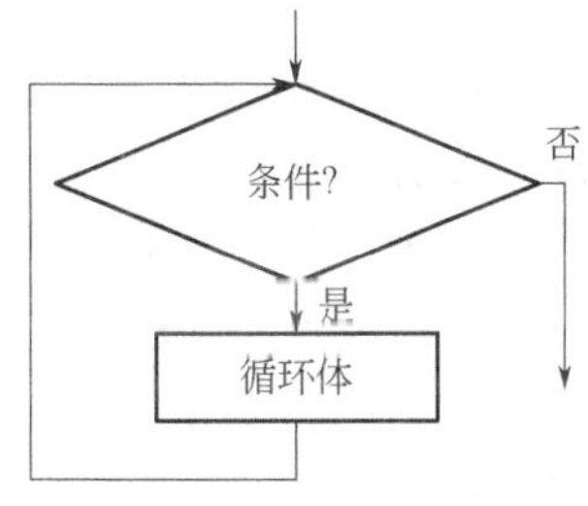


图 2.11　循环结构流程

C 语言中常用的循环结构有 while 循环和 for 循环，它们都可以用来处理同一个问题，一般可以互相代替。

除了 while 和 for，C 语言中还有一个 goto 语句，它也能构成循环结构。不过由于 goto 语句很容易造成代码混乱，维护和阅读困难，饱受诟病，不被推荐，而且 goto 循环完全可以被其他循环取代，所以后来的很多编程语言都取消了 goto 语句。

### 2.2.6　函数及形参实参

一个较复杂的程序可分为若干个程序模块，每一个模块用来实现一个特定的功能。在高级语言中用子程序实现模块的功能。子程序由函数来完成。一个 C 程序可由一个主函数和若干个其他函数构成。

由主函数调用其他函数，其他函数也可以互相调用。同一个函数可以被一个或多个函数调用任意多次。函数调用关系如图 2.12 所示。

#### （1）函数的分类

从用户使用的角度看，函数有以下两种。

① 标准函数，即库函数。这是由系统提供的，用户不必自己定义这些函数，可以直接使用它们。应该说明，不同的C系统提供的库函数的数量和功能会有一些不同，当然许多基本的函数是共同的。

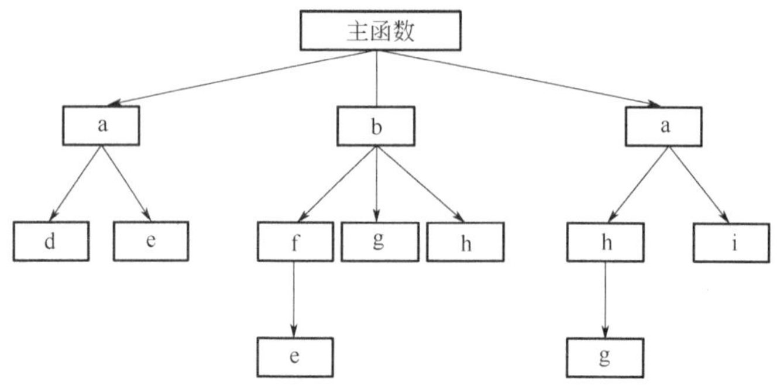


图 2.12　函数调用关系

② 用户自己定义的函数。用以解决用户的专门需要。

从函数的形式看，函数分以下两类。

① 无参函数。在调用无参函数时，主调函数不向被调用函数传递数据。无参函数一般用来执行指定的一组操作。

② 有参函数。在调用函数时，主调函数在调用被调用函数时，通过参数向被调用函数传递数据。一般情况下，执行被调用函数时会得到一个函数值，供主调函数使用。

### （2）形参与实参

C 语言函数的参数会出现在两个地方，分别是函数定义处和函数调用处，这两个地方的参数是有区别的。

形参（形式参数）：在函数定义中出现的参数可以看作一个占位符，它没有数据，只能等到函数被调用时接收传递进来的数据，所以称为形式参数，简称形参。

实参（实际参数）：函数被调用时给出的参数包含了实实在在的数据，会被函数内部的代码使用，所以称为实际参数，简称实参。

形参和实参的功能是传递数据，发生函数调用时，实参的值会传递给形参。两者的区别可以总结为以下几点。

① 形参变量只有在函数被调用时才会分配内存，调用结束后，立刻释放内存，所以形参变量只有在函数内部有效，不能在函数外部使用。

② 实参可以是常量、变量、表达式、函数等，无论实参是何种类型的数据，在进行函数调用时，它们都必须有确定的值，以便把这些值传送给形参，所以应该提前用赋值、输入等办法使实参获得确定值。

③ 实参和形参在数量上、类型上、顺序上必须严格一致，否则会发生“类型不匹配”的错误。当然，如果能够进行自动类型转换，或者进行强制类型转换，那么实参类型也可以不同于形参类型。

④ 函数调用中发生的数据传递是单向的，只能把实参的值传递给形参，而不能把形参的值反向地传递给实参；换句话说，一旦完成数据的传递，实参和形参就再也没有瓜葛了，

所以在函数调用过程中，形参的值发生改变并不会影响实参。

### 2.2.7 程序的调试

所谓调试（Debug），就是跟踪程序的运行过程，从而发现程序的逻辑错误（思路错误），或者隐藏的缺陷（Bug）。在调试的过程中，可以监控程序的每一个细节，包括变量的值、函数的调用过程、内存中的数据、线程的调度等，从而发现隐藏的错误或者低效的代码。

## 2.3 MySQL 数据库基础

本实验箱使用的是 MySQL 关系型数据库管理系统，最初是由瑞典 MySQL AB 公司开发的，目前属于 Oracle 公司，其最大优势是开源免费和支持多种开发语言，目前已成为业内非常流行的关系型数据库管理系统，广泛应用于各类大中型 WEB 系统中。

### 2.3.1 MySQL 数据库常见指令

关系型数据库均支持 SQL（Structured Query Language）语法，其功能包括查询、操纵、定义和控制，SQL 是一个综合的、通用的关系数据库语言，同时又是一种高度非过程化的语言。MySQL 数据库的连接、新建数据库、新建表等操作既可以使用命令行，也可以使用 Windows 端的客户端连接工具进行，此类软件包括 Mysql Administrator、Navicat for Mysql、Mysql Workbench 等。

#### （1）数据库操作指令

- MySQL 连接指令：mysql –u [登录数据库的用户名] –p[登录数据库的密码]。
- 创建数据库指令：create database [数据库名称]。
- 删除数据库指令：drop database [数据库名称]。
- 选择数据库指令：use [数据库名称]。

#### （2）数据表操作指令

- 创建数据表指令：create table [表名称] (字段名 1—字段数据类型等属性；字段名 2—字段数据类型等属性……)。
- 删除数据表指令：drop table [表名称]。

#### （3）数据操作指令

- 插入数据指令：insert into [表名称] (字段名 1，字段名 2……) values (值 1，值 2……)。
- 查询数据指令：select [字段名] from [表名] where [筛选条件]。
- 更新数据指令：update [表名称] set [字段名 1]=[新值 1], [字段名 2]=[新值 2],……。
- 删除数据指令：delete from [表名称] where [筛选条件]。
- 数据排序指令：select [字段名] from [表名] order by [字段名][desc]。
- 数据分组指令：select [字段名] from [表名] group by [字段名]。

• 模糊查询指令：select [字段名] from [表名] where [字段名] like [模糊值]。

数据库的常见指令及 SQL 语法详细内容可以参见数据库专业书籍及本书配套的实验教程。

## 2.3.2 MySQL 数据库管理软件

Windows 端有比较丰富的数据库管理软件，比如 MySQL Administrator、Navicat for MySQL、MySQL Workbench 等，软件界面和操作风格基本一致，在此仅以 MySQL Administrator 为例进行说明。

MySQL Tools 安装完成后在计算机桌面上生成快捷方式图标，双击进入 MySQL 登录界面，如图 2.13 所示。

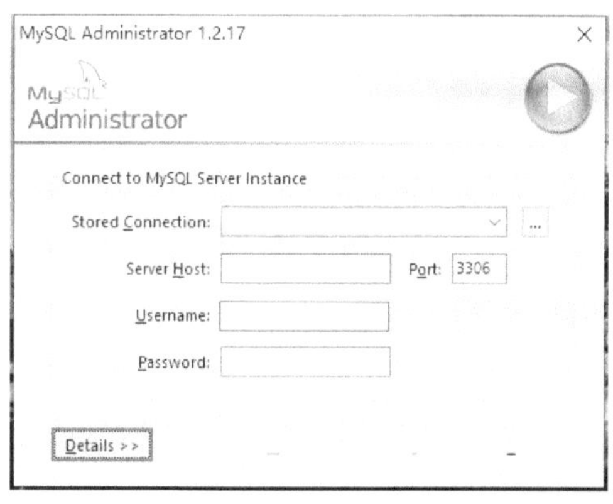


图 2.13　MySQL Administrator 登录界面

其中，Server Host 为数据库服务器 IP 地址，Port 为数据库的网络端口号，MySQL 的默认端口号是 3306；Username 和 Password 分别为数据库登录的用户名及密码。

参数配置完成之后，单击“OK”进入数据库欢迎界面，如图 2.14 所示。

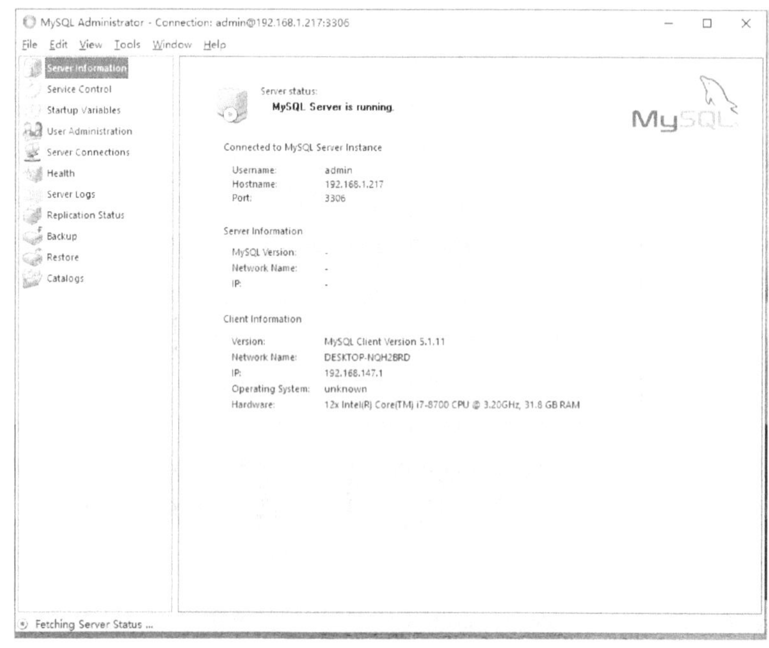


图 2.14　MySQL Administrator 欢迎界面

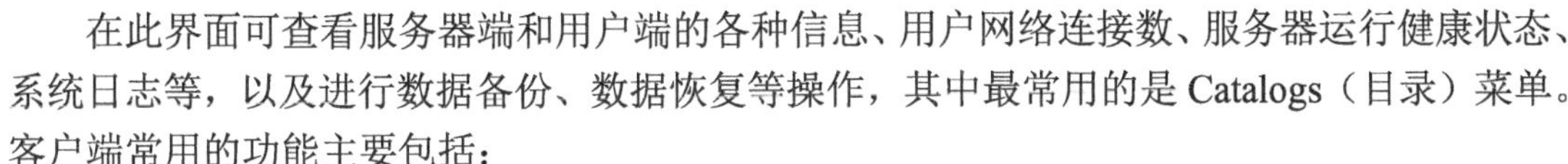

在此界面可查看服务器端和用户端的各种信息、用户网络连接数、服务器运行健康状态、系统日志等，以及进行数据备份、数据恢复等操作，其中最常用的是 Catalogs（目录）菜单。客户端常用的功能主要包括：

- 表结构的管理；
- 表数据的管理；
- SQL 指令的执行。

MySQL 数据库客户端的详细内容可以参考使用手册以及本书配套的实验教程。

### 2.3.3 MySQL 数据库 C 语言接口

在涉及数据库应用程序的开发编译时，如果调用到 mysql，则需要在编译指令中指明该库，否则编译器不识别 mysql_init 等 mysql 相关的接口函数。

C 语言的数据库接口函数主要包括以下内容。

```
• mysql_init()                //初始化 MySQL 连接
• mysql_real_connect()        //连接 MySQL 数据库
• mysql_query()               //SQL 语句执行
• mysql_error()               //MySQL 数据库报错信息
• mysql_close()               //关闭 MySQL 数据库
```

其中的关键在于 SQL 指令字符串的拼接，因此通过组合不同的 SQL 指令，即可实现 C 语言对数据库的不同实现接口。

对于 SQL 指令执行的结果，例如查询数据返回的结果，常用的数据库接口函数包括以下内容。

```
• mysql_store_result ()       //获取 SQL 命令的结果集
• mysql_num_rows ()           //获取结果集的行数
• mysql_fetch_fields ()       //获取结果集的字段名
• mysql_num_fields ()         //获取结果集的列数
• mysql_fetch_row ()          //逐行获取结果集每一行的值
```

通过这些函数即可获取需要查询的具体数据结果。

## 2.4 实验平台库函数

在实验箱的开发过程中，使用的编程语言是标准 ANSI C 语言，而不同于 Windows 系统上的 VC6.0 或 VC++ .NET 开发平台的可视化一键启动功能，嵌入式开发过程中的编译指令需要手动输入命令完成。

GCC 是 C 语言的编译器，其编译过程主要包括四个相互关联的步骤：预处理（也称预编译，Preprocessing）、编译（Compilation）、汇编（Assembly）和链接（Linking）。

本实验箱使用的 GCC 编译器是经过优化的 arm-linux-gnueabihf-gcc，主要用于基于 ARM 架构的 Linux 系统，可编译 ARM 架构的 u-boot、Linux 内核、Linux 应用等。

此外，由于实验箱附加了信号灯、数码管以及检测器按键的驱动程序，在开发涉及这些硬件的应用时，需要链接特定的静态链接库 libpwtsc.a，该库封装了对信号灯、数码管以及检测器按键的函数接口。

实验箱提供的硬件驱动接口函数如下。

```
• void system_reset()
```

说明：系统复位函数，复位所有信号灯和数码管状态，即将所有信号灯和数码管熄灭，无返回值。

```
• void write_lights_states (
int light_group_number,                 //灯组号,1~32
int drv_sig_light_red_state,            //红色行车灯状态,0为灭,1为亮
int drv_sig_light_yellow_state,         //黄色行车灯状态,0为灭,1为亮
int drv_sig_light_green_state,          //绿色行车灯状态,0为灭,1为亮
int ped_sig_light_red_state,            //红色行人灯状态,0为灭,1为亮
int ped_sig_light_green_state           //绿色行人灯状态,0为灭,1为亮
);
```

说明：写灯组状态函数，无返回值。

```
• void write_countdown_value(
int light_group_number,         //灯组号,1~32
int countdown_value             //数码管倒计时值:0~99,写255即0xFF熄灭数码管
);
```

说明：写数码管倒计时函数，无返回值。

```
• int read_detector_button_state(
int light_group_number          //灯组号,1~32
);
```

说明：读检测器状态函数，返回值为指定灯组号对应的检测器状态。检测器亮时为 1，灭时为 0。

```
• int read_reserved_button_state(
int reserved_button_number      //按键编号,1~7
);
```

说明：读预留按键状态函数，返回值为指定编号的预留按键的状态。按键按下时为 1，松开时为 0。

# 第3章 交通信号控制理论基础

## 3.1 信号控制基础

交通信号控制是依靠交通警察或采用交通信号控制设施，随交通变化特性来指挥车辆和行人的通行。交通信号是指在道路上用来传送具有法定意义指挥交通流通行或停止的光、声、手势等。在无法实现空间分离的平面交叉口上，交通信号是在时间上给交通流分配通行权的一种交通指挥措施。交通信号的作用是从时间上将相互冲突的交通流予以分离，使其在不同时间上通过交叉口，以确保交通安全。

交通信号包括灯光信号和手势信号。其中，灯光信号包括指挥信号灯、车道灯信号、人行横道灯信号；手势信号是指交通指挥棒信号、手势信号。

国内信号灯的含义如下。

### （1）非闪灯

① 绿灯：准许车辆通行，但转弯的车辆不得妨碍放行的直行车辆、行人通行。

② 红灯：禁止车辆通行，并且车辆不能越过停车线。

③ 黄灯：禁止通行，但已驶过停车线的车辆，以及已经接近停车线、无法安全停车的车辆，可以继续通行。

### （2）闪灯

① 闪红灯：表示禁止车辆、行人通行。

② 闪黄灯或两个黄灯交替闪亮：提示车辆、行人通行时注意瞭望，确认安全后通过。

### (3)箭头灯

① 绿色箭头灯：准许本方向车辆按指示方向通行。

② 红色或黄色箭头灯：对所指方向起红灯或黄灯的作用。

## 3.1.1 信号控制的设置依据

平面交叉口控制方式通常包括信号控制、无信号控制、主路优先控制（停车/减速让行控制）以及人工控制。对于交通量较低的交叉口可以采用无信号控制，对于道路通行权主次清晰的交叉口可以采用主路优先控制，对于交通量较大的交叉口一般采用信号控制，有时为了交通安全在一些交通量较低的交叉口也会采用信号控制。总之交叉口是否设置信号需要综合考虑多方面因素，在一定前提下才会将主路优先控制交叉口改为信号控制，理论上而言主要考虑通行能力和延误。

### (1)主路优先控制交叉口的通行能力

因为主要道路的通行能力不会受到影响，所以计算次要道路可通过的最大交通量的公式如下。

$$Q'_{\max} = \frac{Qe^{-q\tau}}{1-e^{-qh}} \tag{3.1}$$

式中 $Q'_{\max}$——次要道路可通过的最大交通量，辆/h；

$Q$——主要道路的交通量，辆/h；

$q$——对$Q$做单位换算，$Q/3600$，辆/s；

$\tau$——次要道路可以穿过主路车流的临界空当时距，取值为4.5～10s；

$h$——次要道路车辆连续通过时的车头时距，取值为2～3s。

当次要道路可通过的最大交通量无法满足次要道路交通量需求时，需要考虑将主路优先控制交叉口调整为信号控制交叉口，同时还需要考虑其他约束条件。

### (2)主路优先控制交叉口的延误

主路优先控制交叉口采用停车/减速让行标志保障主路优先通行权，主路延误较低，但次要道路延误大，信号控制交叉口可以降低次要道路延误，但主路延误会增大。信号控制前后的延误对比情况可以作为设置信号的依据之一。如图3.1所示，假设主次路交通量比值固定，交叉口分别采用主路优先控制（曲线A）和信号控制（曲线B）的延误对比情况，当交通量较低时主路优先控制的延误小于信号控制的延误，当交通量增加到一定程度时，主路优先控制的延误逐渐大于信号控制的延误。两条曲线的交织段是决定选择何种控制方式的关键。

## 3.1.2 信号控制类别

### (1)按照控制范围分为点控、线控、面控（图3.2）

① 点控。单个交叉口的交通控制，按照该交叉口的交通情况独立运行，不与其邻近交

叉口的控制信号有任何联系，是信号控制的基本形式。

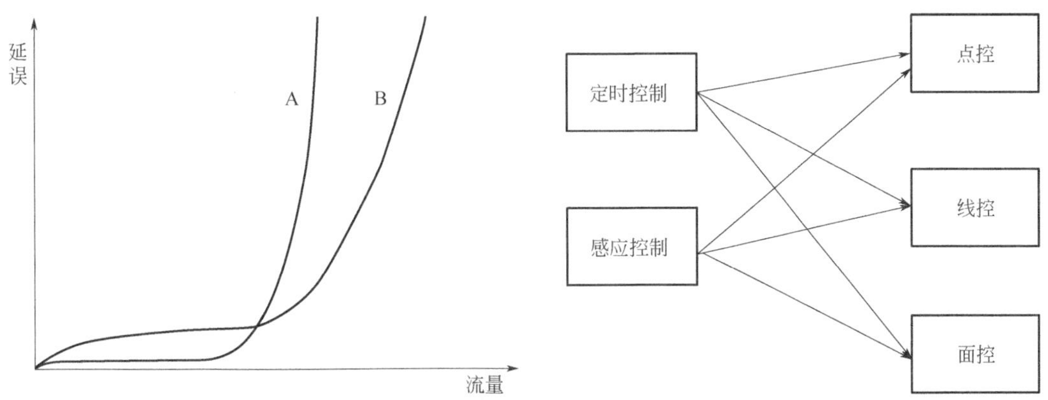


图 3.1　主路优先控制与信号控制的延误对比曲线

图 3.2　信号控制分类

② 线控。干道交叉口信号协调控制，也称“绿波”信号控制，把干道上若干连续交叉口的交通信号通过一定的方式联结起来，同时对各个交叉口设计一种相互协调的配时方案，根据相邻交叉口间信号灯联结方法的不同，线控可分为以下两种。

a．有缆线控。主控机或计算机通过传输线路操纵信号灯协调运行。

b．无缆线控。通过电源频率及控制机内的计时装置来操纵各信号灯按时协调运行。

③ 面控。区域交通信号控制，某个区域中所有信号控制交叉口作为协调控制的对象。

#### （2）按照控制方法分定时控制和感应控制

① 定时控制。也称定周期控制，交叉口的交通信号控制机均按事先设定的配时方案运行，分为单段式定时控制和多段式定时控制。

② 感应控制。在交叉口进口道上设置车辆检测器，信号灯配时方案由计算机或智能化信号控制机计算，可随检测器检测到的车流信息而随时改变的一种控制方式。基本方式是单点感应控制，根据检测器设置方式的不同，可分以下两种。

a．半感应控制。只在交叉口部分进口道上设置检测器的感应控制。

b．全感应控制。在交叉口全部进口道上设置检测器的感应控制。

采用感应控制方式的线控制、面控制形成交通信号自动控制系统。

### 3.1.3　信号控制基本概念

#### （1）相位相序方案

相位：一股或几股车流，它们在一个信号周期内，不管任何瞬间都获得完全相同的信号灯色显示，那么把它们获得不同灯色的连续时序称为一个信号相位。

信号阶段：通行权的每一次转换称为一个信号阶段。

二相位交叉口：如图 3.3 和图 3.4 所示分别为二相位交叉口信号阶段及相位。

四相位交叉口：如图 3.5 和图 3.6 所示分别为四相位交叉口信号阶段及相位。

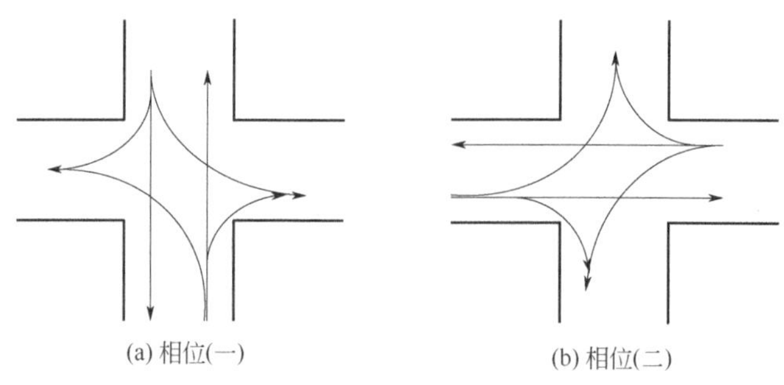


图 3.3　二相位交叉口信号阶段

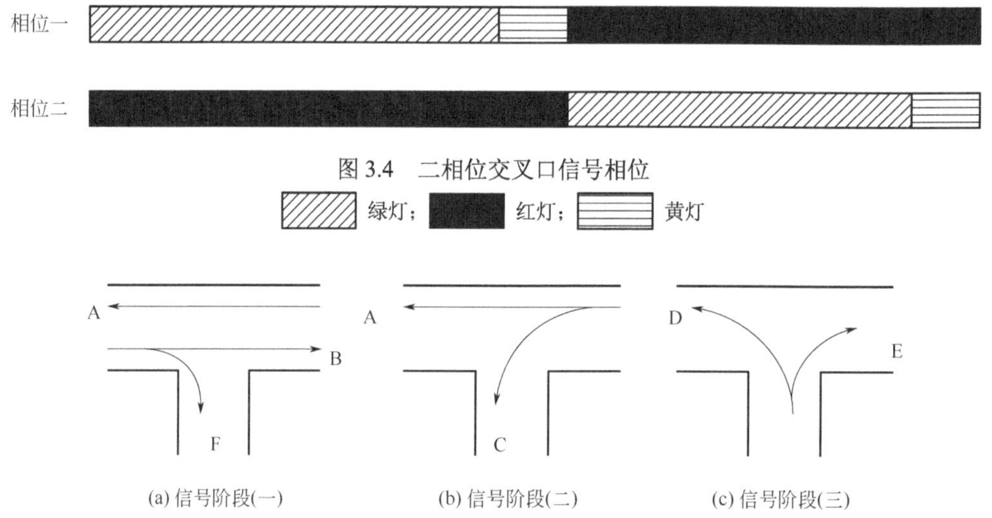


图 3.4　二相位交叉口信号相位

绿灯；红灯；黄灯

图 3.5　四相位交叉口信号阶段

A～F—车流

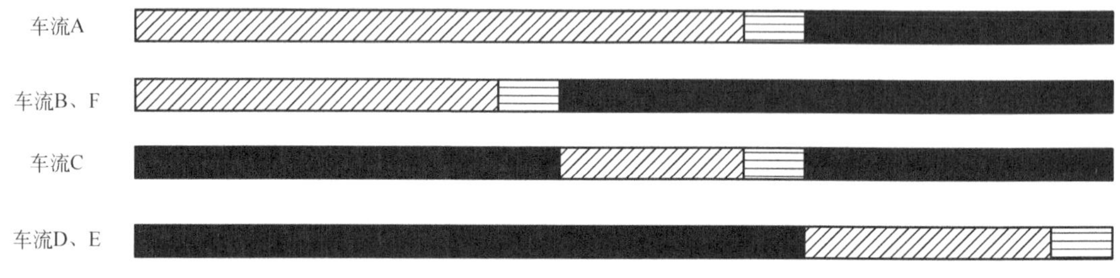


图 3.6　四相位交叉口信号相位

绿灯；红灯；黄灯

### （2）相位设定原则

① 信号相位应与进口道车道渠化方案同时设定。

② 信号相位对应于左、右转弯交通量及其专用车道的布置，常用相位设置方案如图 3.7 所示。

③ 设置左转保护相位一般原则是，当左转专流量 $Q_l$ 低于 100pcu/h 时，可以不设置左转

保护相位；当 $Q_1$ 大于 200pcu/h 时，应设置左转保护相位；当 $Q_1$ 为 100～200pcu/h 时，应该考虑 $Q_1$ 与对向直行流量整体的情况；$Q_1Q_T$ >50000，宜用左转保护相位。

④ 同一相位各相关进口道左转车每周期平均到达量相近时，宜用双向左转专用相位，否则采用单向左转专用相位。

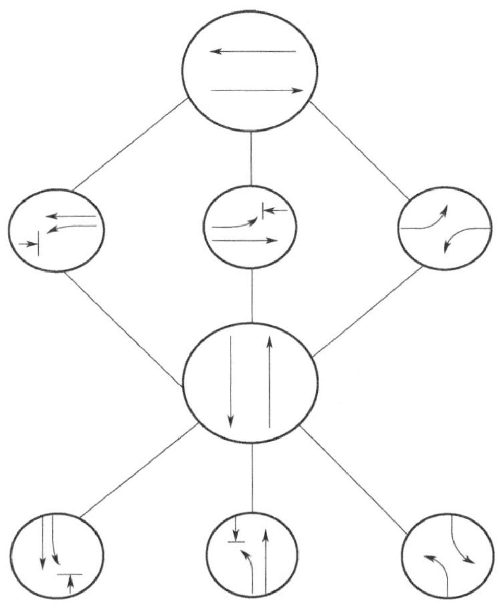

图 3.7　常用相位设置方案

### （3）信号基本参数

周期：信号灯各种灯色轮流显示一次所需的时间，即各种灯色显示时间总和；或是某主要相位的绿灯启亮开始到下次该绿灯再次启亮之间的一段时间。

绿信比：一个信号相位的有效绿灯时长与周期时长之比，一般用$\lambda$表示。

饱和流量：当交通信号灯转变为绿灯显示时，停车线前的车辆开始向前运动，流率由零很快增至一个稳定的数值，即饱和流率 $S$，后续车流将继续保持饱和流率 $S$ 消散，直到停车线后积存的车辆全部放行完毕，或者虽未放完，但绿灯已经截止。绿灯初期，流率变化很快，这是由于车辆处于起步和加速阶段，车辆从原来的静止状态逐步加速到正常行驶状态，速度由零变为正常行驶速度。同样，在绿灯结束后的黄灯期间，部分车辆已经采取制动措施，停止前进，部分车辆虽未停驶，但已经减速，因此流率逐渐下降为零，车辆通过停车线的运动特征如图 3.8 所示。

有效绿灯时间：由图 3.8 可知，绿灯显示时间与黄灯时间之和再减去前后损失时间之和 $L_s$，如式（3.2）所示。

$$g_e = g + A - L_s \tag{3.2}$$

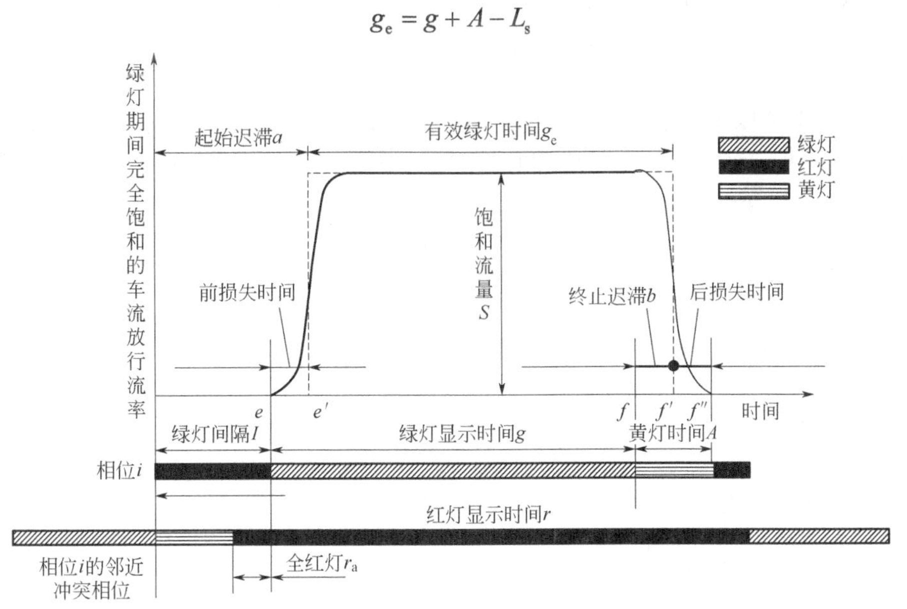


图 3.8　车辆通过停车线的运动特征

此外，评价信号控制交叉口的交通效益指标一般有通行能力或饱和度（实际到达交通量与通行能力之比）、行程时间、延误、停车次数、停车率及油耗等。

## 3.2 固定配时信号控制原理

在确定了相位方案、渠化方案后计算信号配时方案，信号配时方案的主要参数是周期和绿灯时间。

### 3.2.1 周期计算

常见的周期计算模型有 3 种。

**（1）最短周期模型**

一个周期内到达的车辆恰好在一个周期内释放完毕，既无滞留车辆，也无富余绿灯时间。

$$C_{\min}=L+\frac{q_{a_1}C_{\min}}{S_1}+\frac{q_{a_2}C_{\min}}{S_2}+\cdots+\frac{q_{a_n}C_{\min}}{S_n} \tag{3.3}$$

式中　$L$ ——全部关键相位总的绿灯损失时间，s；

$q_{a_i}$ ——相位 $i$ 的流率；

$S_i$ ——相位 $i$ 的饱和流量。

整理得到

$$C_{\min}=\frac{L}{1-\sum_{i=1}^{n}\frac{q_{a_i}}{S_i}}=\frac{L}{1-\sum_{i=1}^{n}y_i}=\frac{L}{1-Y} \tag{3.4}$$

式中　$Y$——全部关键相位的总流量比。

**（2）最佳周期确定方法——Webster 公式**

Webster 模型是以车辆延误时间最小为目标来计算信号配时的一种方法，其核心是车辆延误和最佳周期时长的计算。这里的周期时长建立在车辆延误的计算基础之上，是目前交通信号控制中较为常用的计算方式。

$$C_{m}=\frac{1.5L+5}{1-Y} \tag{3.5}$$

**（3）实用周期确定方法——HCM 公式**

$$C_0=\frac{L}{1-Y'} \tag{3.6}$$

式中　$Y'$——全部关键相位的总流量比，注意采用设计流量。

### 3.2.2 绿灯时间计算

根据一定原则计算有效绿灯时间，如等饱和度原则、饱和度实用限值等。再根据绿灯显示时间与有效绿灯时间之间的关系获得绿灯显示时间，进而得到整个信号配时方案。

### （1）有效绿灯时间

采用等饱和度原则分配绿灯时间，则有下列推导过程。

$$x_i = \frac{q_i}{CAP_i} = \frac{q_i}{S_i \lambda_i} = \frac{y_i}{\lambda_i} \tag{3.7}$$

$$x_1 = x_2 = \cdots = x_n \tag{3.8}$$

$$\frac{y_1}{\lambda_1} = \frac{y_2}{\lambda_2} = \cdots = \frac{y_n}{\lambda_n} \tag{3.9}$$

$$\frac{g_{e_i}}{g_{e_1} + g_{e_2} + \cdots + g_{e_n}} = \frac{y_i}{y_1 + y_2 + \cdots + y_n} \tag{3.10}$$

$$\frac{g_{e_i}}{G_e} = \frac{y_i}{Y} \tag{3.11}$$

$$G_e = C_m - L \tag{3.12}$$

$$g_{e_i} = (C_m - L)\frac{y_i}{Y} \tag{3.13}$$

式中　$x_i$ ——饱和度；

$g_{e_i}$ ——相位 $i$ 有效绿灯。

### （2）绿灯显示时间

$$g_i = g_{e_i} - A_i + L_{s_i} \tag{3.14}$$

### （3）最短绿灯时间

$$g_{min} = 7 + \frac{L_p}{v_p} - I \tag{3.15}$$

式中　$L_p$ ——行人过街道长度；

$v_p$ ——行人过街步速，取 1.2m/s。

若计算的显示绿灯时间小于最短绿灯时间时，应延长周期时长以满足最短绿灯时间约束。

**【例题】**交叉口流量及信号阶段如图 3.9 所示，饱和流量均为 1500pcu/h，启动损失时间 $L_s$ 为 2s，黄灯为 2s，全红为 3s。计算：①交叉口最佳周期；②各股车流的绿灯显示时间。

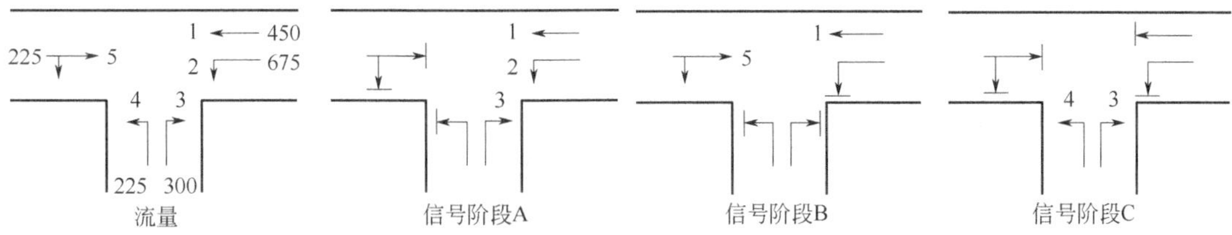


图 3.9　交叉口流量及信号阶段

时间没有车辆通过检测器，则切换信号相位，如图 3.12（a）所示。如果仍然有后续车辆通过检测器，则每测得一辆车，延长一个单位绿灯延长时间。如果在延长时间内再有车辆通过检测器，则继续延长一个单位绿灯延长时间。直到在某一延长时间内无车辆到达就中断这个相位的通车权，如图 3.12（b）所示。或者检测到后面仍有车，但绿灯时间再延长就超过了设定的最大绿灯时间时，也应中断这个相位的通车权，如图 3.12（c）所示。实际上感应信号控制的相位通行时间，即实际绿灯时间 $G_1$ 在最小绿灯时间和最大绿灯时间之间，与实际需求相对应。

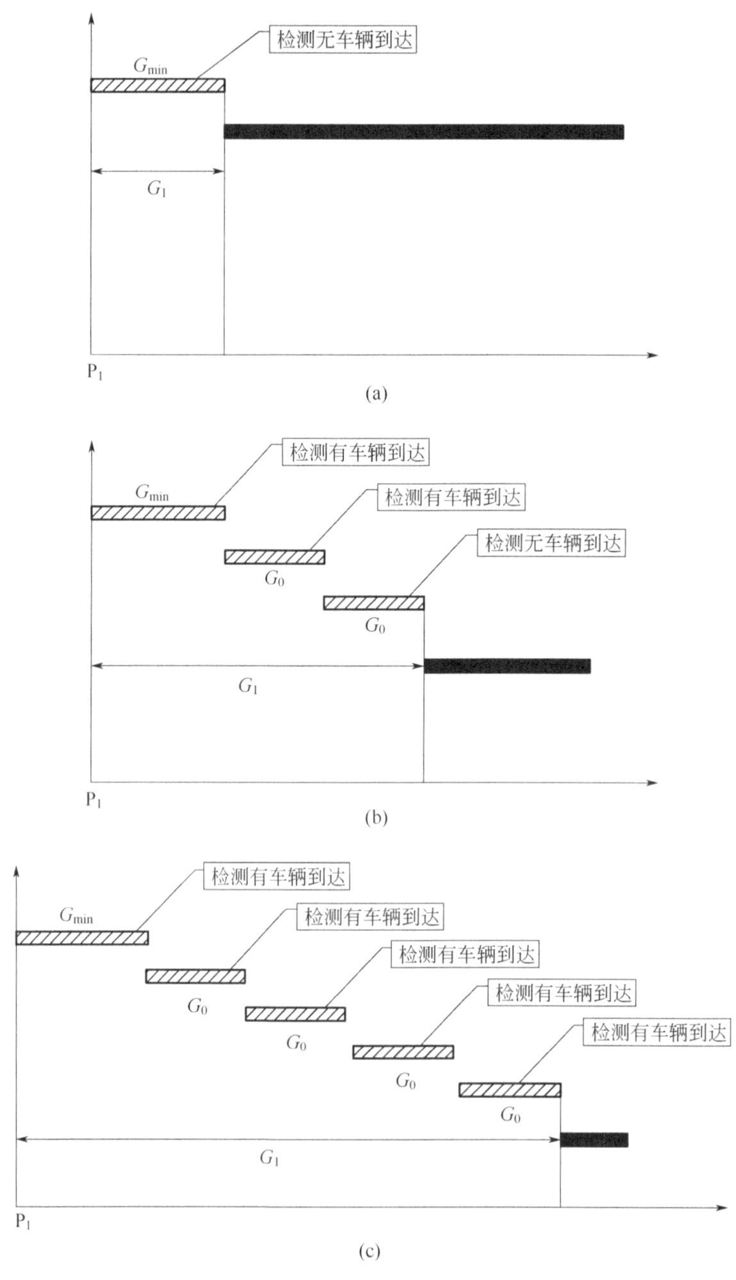


图 3.12　感应信号控制的基本工作原理

绿灯；红灯

感应信号主要控制参数如下。

### （1）最小绿灯时间

不管本相位或其他相位是否有车，对本相位必须保证放完这段绿灯时间。设置最小绿灯时间应考虑以下几个因素。

① 保证检测器和停车线之间的车辆全部驶出停车线。

② 保证行人安全过街所需的时间。

③ 保证非机动车安全过街所需的时间。

### （2）单位绿灯延长时间

最小绿灯时间结束后，在一定时间间隔内，测得有后续车辆到达时所延长的绿灯时间。设置单位绿灯延长时间应考虑以下的几个因素。

① 单位绿灯延长时间必须能使车辆从检测器开出停车线。

② 单位绿灯延长时间应尽可能不产生绿灯时间损失。

③ 在确定单位绿灯延长时间时，须注意被检测的车道数。

### （3）最大绿灯时间

为了保持最佳绿信比而对各相位规定的绿灯时间的延长限度，一般 30～60s。

根据感应检测器的布设方式，感应控制分为全感应控制和半感应控制。半感应控制是只在交叉口部分进口道上设置检测器的感应控制，其控制逻辑如图 3.13 所示，主干道常绿灯，只有检测到次干道有车时，通行权才切换给次干道，次干道车辆通行完毕或者次干道到达最大绿，通行权交还给主干道。

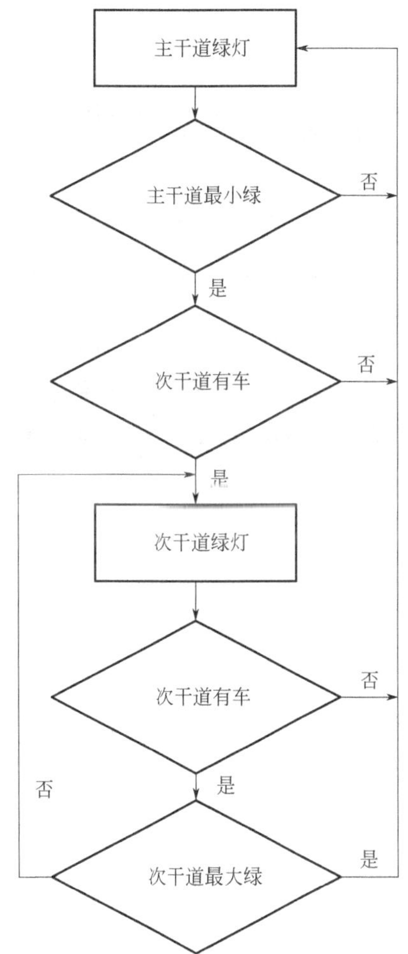


图 3.13　检测器设置在次干道的感应控制逻辑

全感应控制是在交叉口全部进口道上设置检测器的感应控制，其控制逻辑如图 3.14 所示，当主次干道均没车时，主次干道交替最小绿控制，当主次干道车流量都很大时，主次干道交替最大绿控制，其他时候根据检测情况切换控制权。

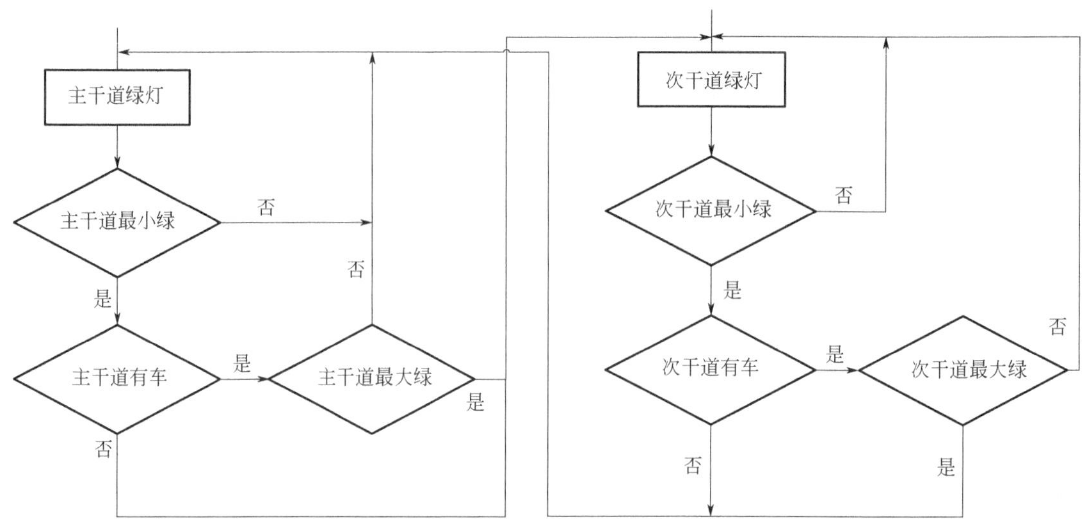


图 3.14　全感应控制逻辑

## 3.4　干线协调控制原理

城市道路相邻交叉口间相互关联，孤立的单点控制方案可能导致较多的停车延误，将干道上相邻交叉口的信号控制方案协调起来，尽可能减少车辆停车次数以及延误时长，能够在一定程度上提高干道的运行效率。

下面以干道上有五个交叉口为例讨论干线协调控制原理，如图 3.15 所示，横轴代表距离，纵轴代表时间，从 *A* 点引出一条斜线，表示车辆运行轨迹。轨迹的斜率代表车辆速度的倒数，轨迹与 *B*、*C*、*D*、*E* 点引出的时间轴相交，交点纵坐标就是车辆到达各交叉口的时刻。

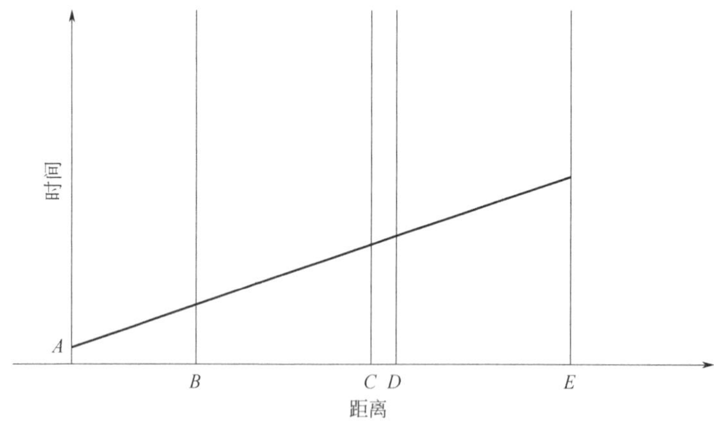


图 3.15　干线协调时间-距离（一）

如图 3.16 所示，每个路口按照各自交通需求设置配时方案，如果交点刚好是在绿灯时段内，车辆到达各个交叉口都能遇到绿灯，由于各个路口周期不一致，无法保证车辆在下个周期依然遇到绿灯，因此干线协调一般要求各个路口周期一致，这就是公共周期。通常取各个路口周期中的最大值，被选做公共周期的交叉口称为关键交叉口。

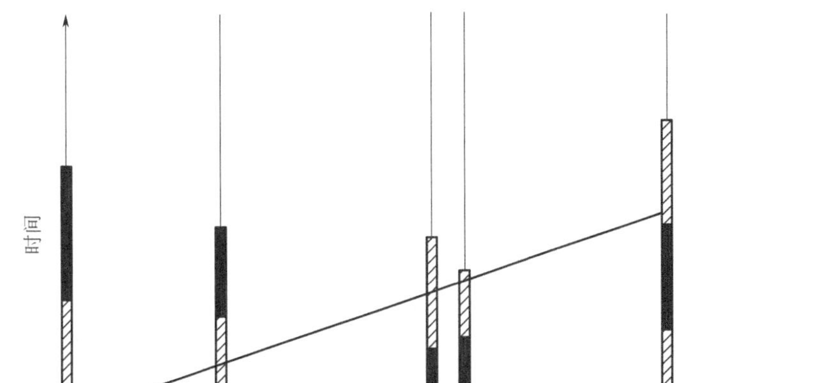


图 3.16　干线协调时间-距离（二）

绿灯；红灯

如图 3.17 所示，各个路口采用公共周期后，每个周期车辆都能遇到绿灯。

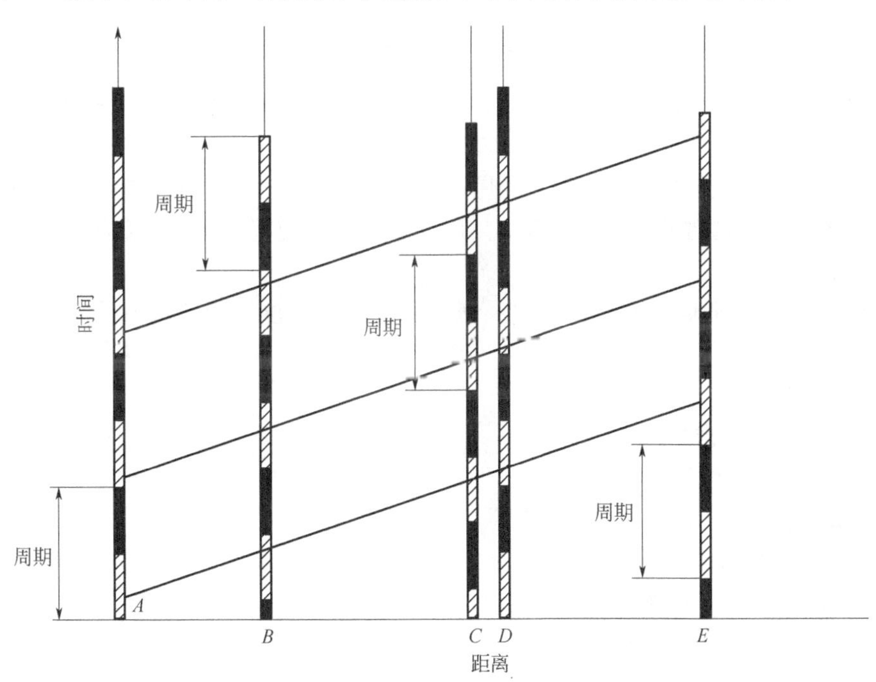


图 3.17　干线协调时间-距离（三）

绿灯；红灯

为了使更多车辆在绿灯期间通行，需要适当调整各个路口绿灯启亮时刻，可以获得更宽的绿灯期间的通过带，也称绿波带，两个路口绿灯启亮时刻之差称为相位差。相位差分为绝对相位差和相对相位差，绝对相位差是指干线上各路口与某一个路口（一般是关键交叉口）的相位差；相对相位差是指相邻两个路口的相位差（图 3.18）。

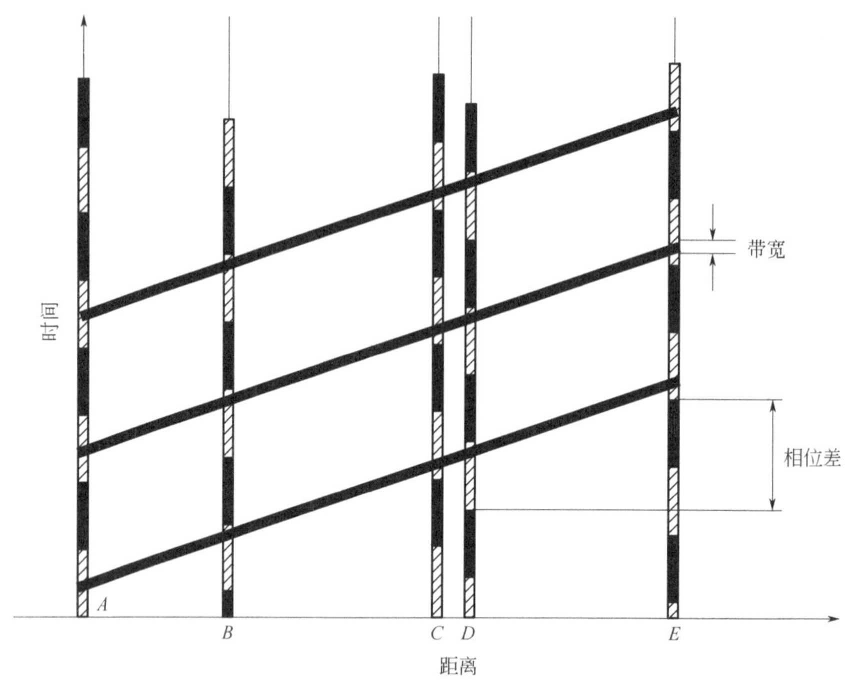


图 3.18　干线协调时间-距离（四）

绿灯；红灯

相位差是干线协调控制中的重要参数，决定了线控系统的运行效率。相位差的设计需要考虑较多因素，相对复杂，常见的计算方法有图解法和数解法。

图解法是指通过几何作图的方法，利用反映车流运动的时间-距离，初步建立同步式或交互式协调系统，然后再对通过带速度和周期时长进行反复调整，从而确定相位差，最终获得一条理想的绿波带。

数解法的基本思路是通过寻找使得系统中各实际信号位置距离理想信号位置的最大挪移量之差最大，取实际挪移量为理想信号间距最大挪移量差值的一半，来获得最优相位差控制方案。具体流程如下。

① 初选系统行车速度。

② 计算理想信号位置。

③ 计算理想信号位置与实际信号位置差值。

④ 计算各交叉口绿时损失。

⑤ 计算各交叉口有效绿信比。

⑥ 计算各交叉口绿时相位差。

⑦ 调整系统行车速度。

⑧ 计算绿波带宽度并做通过带。

**【数解法例题】**某条主干路上有四个交叉口，关键交叉口周期时长为 80s，相应的系统带速暂定 36km/h，交叉口间距如图 3.19 所示，单位为 m，绿信比如表 3.1 所示。利用数解法设计这四个交叉口组成的线控系统。

要求：计算出实际信号距离理想信号的最大挪移量，作简图标注出理想信号相对位置，完善表 3.1 中空缺部分。注意：标准化后的 $vC/2$ 的变动范围为±10。计算结果保留整数即可。

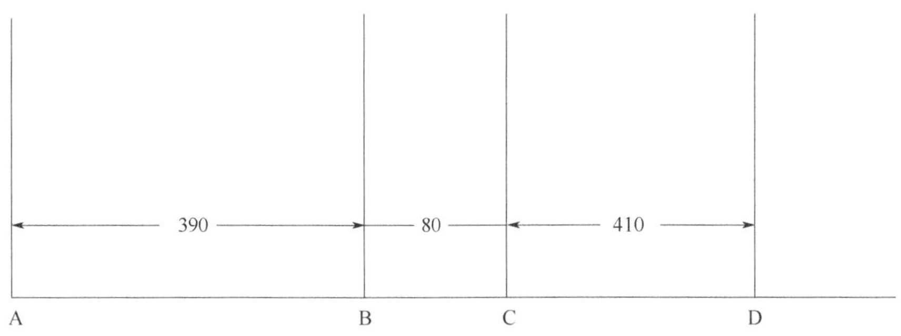


图 3.19　交叉口间距

**表 3.1　绿信比**

| 项目 | 交叉口名称 | | | |
|---|---|---|---|---|
| | A | B | C | D |
| 间距/m | 390 | 80 | 410 | |
| 绿信比/% | 50 | 60 | 60 | 50 |
| 理想信号 | | | | |
| 实际信号相对理想信号的位置（左/右） | | | | |
| 损失/% | | | | |
| 绿时差/% | | | | |

**步骤 1**：理想间距计算。

$v$=36km/h=10m/s, $vC$/2=10×80/2=400(m)。

为了方便表述，以 10m 为单位，则 400m 表示为 40 个单位，以 40±10 作为 $vC$/2 的变动范围，即 30～50。

**步骤 2**：计算，见表 3.2。

**表 3.2　计算**

| 项目 | 交叉口 | | | |
|---|---|---|---|---|
| | A | B | C | D |
| 间距 / $a$ | 39 | 8 | 41 | $b$ |
| 38 | 1 | 9 | 12 | 26 |
| 39 | 0 | 8 | 10 | 29 |
| 40 | 39 | 7 | 8 | 31 |
| 41 | 39 | 6 | 6 | 33 |
| 42 | 39 | 5 | 4 | 34 |

**步骤 3**：最大挪移量。

**评分标准**：当 $a$=47 时，$b$=39 为最大，B、C 同理想信号间的挪移量之差最大，如

图 3.20 所示。

| A | C | B | D | A |
|---|---|---|---|---|
| 0 | 0 | 39 | 41 | 47 |

| 0 | 39 | 2 | 6 |
|---|---|---|---|

图 3.20　最大挪移量

$\dfrac{a-b}{2}=\dfrac{47-39}{2}=4$，理想信号距离 B、C 分别为 4。

**步骤 4**：理想信号位置标注，如图 3.21 所示。

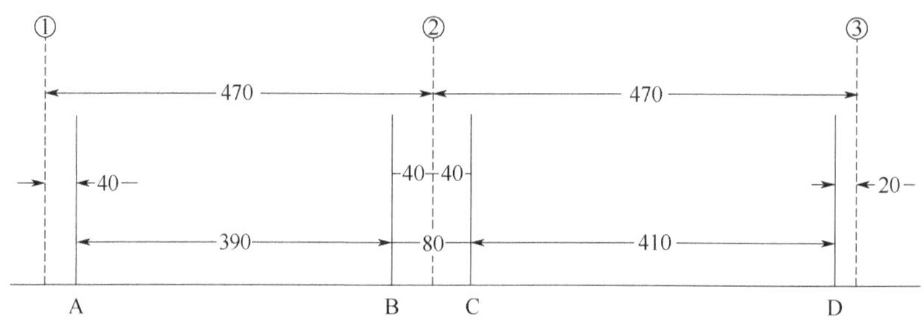


图 3.21　理想信号位置标注

**步骤 5**：填表，见表 3.3。

**表 3.3　填表**

| 项目 | 交叉口名称 | | | |
|---|---|---|---|---|
| | A | B | C | D |
| 间距/m | 390 | 80 | 410 | |
| 绿信比/% | 50 | 60 | 60 | 50 |
| 理想信号 | 1 | 2 | 2 | 3 |
| 实际信号相对理想信号的位置（左/右） | 右 | 左 | 右 | 左 |
| 损失/% | 8 | 8 | 8 | 4 |
| 绿时差/% | 75 | 20 | 20 | 75 |

# 第 4 章

# 固定配时信号控制器程序设计

## 4.1 固定配时信号控制器需求分析

固定配时信号控制器是根据给定的固定配时信号控制方案，在一定时间内进行信号灯和倒计时器的输出状态控制。其中配时方案包括周期、阶段、相位（或灯组）及各个参数。以前序章节为例，某固定配时方案周期为 48s，包含三个阶段，如图 4.1 所示。

- 阶段 1：绿灯 10s，黄灯 3s，全红 2s，包含相位 1、4、5。
- 阶段 2：绿灯 13s，黄灯 3s，全红 2s，包含相位 2、4。
- 阶段 3：绿灯 10s，黄灯 3s，全红 2s，包含相位 3、5。

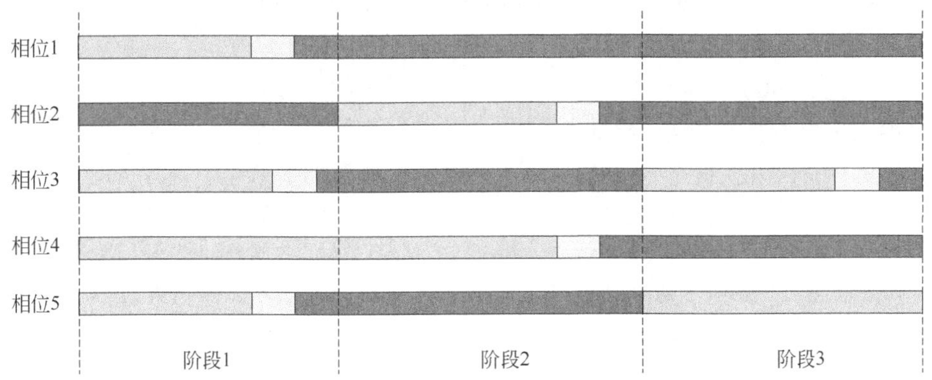


图 4.1　固定配时信号控制时序

绿灯；黄灯；红灯

而固定配时信号控制器的输出则是在一个周期时间内，控制信号灯和倒计时器状态。其中信号灯状态即为时序图所示，每个相位对应的信号灯灯组显示相应的灯态。倒计时器状态则对应每个相位的倒计时数码管显示数值，既包括了绿灯倒计时，也包括了黄灯、红灯倒计时。

因此固定配时的信号控制器即是一个把配时方案（参数）转化为时序上的信号灯灯态以及倒计时数码管数值的应用程序。其中配时方案是程序的输入，信号灯灯态及倒计时器是程序的输出控制对象。

### 4.1.1 控制器输入

对于程序输入的配时方案，可以通过多种形式传递给控制器程序，包括对变量的赋值、标准输入输出函数录入、读取数据库或其他文件等。不管是什么输入方式，在固定配时信号控制器程序中都需要相应的变量进行存储。因此这里首先定义下述 3 个变量，用于存储一个固定配时的信号控制方案中的绿灯时间、黄灯时间以及全红时间。

```
int Green[3]={10,13,10};
int Yellow[3]={3,3,3};
int Red[3]={2,2,2};
```

由于周期 C 等于各个阶段绿灯、黄灯和全红时间的累计求和，是一个冗余数据，因此可以不需要单独定义变量进行存储。

对于每个阶段包含的相位（或对应的信号灯灯组），可以定义为

```
int Lamp[3][3]={{1,4,5},{2,4},{3,5}};
```

但是由于各个阶段包含的相位及对应的信号灯数量往往是不一样的，按照上述定义进行程序处理的时候并不方便，因此可以将其定义为

```
int Lamp[3][5]={{1,0,0,1,1},{0,1,0,1,0},{0,0,1,0,1}};
```

其中，Lamp[i][j]=1 表示阶段 i 包含相位 j，否则不包含相位 j。而二维数组的大小分别为阶段数量和该方案对应的相位数量。

### 4.1.2 控制器输出

固定配时信号控制器的输出包括信号灯和倒计时器，这两项在实验平台的库函数中均进行了定义。在控制程序相应的位置调用库函数进行状态输出即可。

```
• void write_lights_states (
int light_group_number,                    //灯组号,1~32
int drv_sig_light_red_state,               //红色行车灯状态,0 为灭,1 为亮
int drv_sig_light_yellow_state,            //黄色行车灯状态,0 为灭,1 为亮
int drv_sig_light_green_state,             //绿色行车灯状态,0 为灭,1 为亮
int ped_sig_light_red_state,               //红色行人灯状态,0 为灭,1 为亮
int ped_sig_light_green_state              //绿色行人灯状态,0 为灭,1 为亮
);
```

说明：写灯组状态函数，无返回值。

```
• void write_countdown_value(
int light_group_number,                    //灯组号,1~32
```

```
int countdown_value          //数码管倒计时值:0~99,写 255 即 0xFF 熄灭数码管
);
```

说明：写数码管倒计时函数，无返回值。

# 4.2　固定配时信号控制器程序设计

## 4.2.1　主流程设计

固定配时信号控制器首先需要定义变量，用来存储配时方案信息。然后根据配时方案进行各个阶段的信号控制（简单起见，暂不考虑黄灯和全红状态）。因此，绘制固定配时信号控制器主流程，如图 4.2 所示。

该流程图中包含了一个顺序结构“初始化”以及一个循环结构“阶段循环”，同时“阶段循环”内循环体包括两个顺序结构，即“输出信号灯灯态”和“保持信号灯灯态”。

①“初始化”包括变量的定义和初始值，如前序章节中配时方案变量，以及用于阶段循环的计数变量等。

②“阶段循环”用来依次执行信号周期内的各个阶段，当所有阶段执行完毕，则一个信号周期结束，该部分可以通过 for 循环或者 while 循环来实现。

③“输出信号灯状态”根据配时方案中各个阶段包含的灯组，依次输出各个信号灯的灯态，该部分可以通过实验平台库函数实现。

④“保持信号灯状态”根据配时方案中各个阶段的绿灯时间，保持上述灯态持续一个绿灯时长，该部分可以通过休眠函数实现。

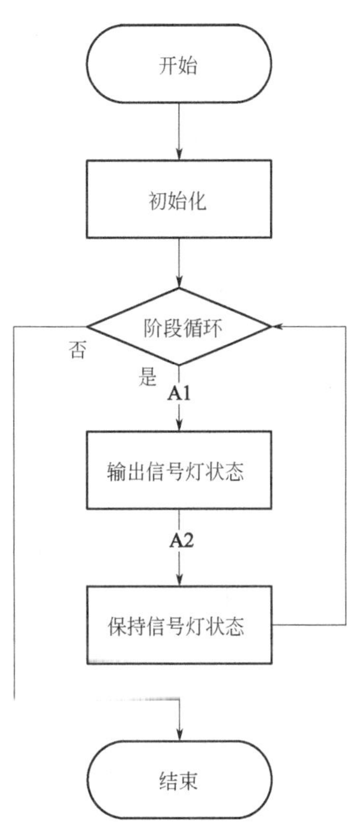


图 4.2　固定配时信号控制器主流程

根据上述设计的固定配时信号控制器总流程图，对照即可以进行程序的编写。总流程图对应的程序如下所示，其中灯态输出部分暂缺，使用注释标注其位置。

```
//*******************************************
#include "pwtsc.h"
int main()
{
    //“初始化”
    int Green[3]={10,13,10};
    int Lamp[3][5]={{1,0,0,1,1},{0,1,0,1,0},{0,0,1,0,1}};

    //“阶段循环”
```

```
        int i;
        for(i=0;i<3;i++)
        {
            //“输出信号灯状态”
            /*子流程图实现部分*/
            //“保持信号灯状态”
            sleep(Green[i]);
        }
    }//*******************************************
```

## 4.2.2 子流程设计

主流程图中，“输出信号灯灯态”具体实现的内容较多，可以继续绘制子流程图（A1～A2 部分），如图 4.3 所示。

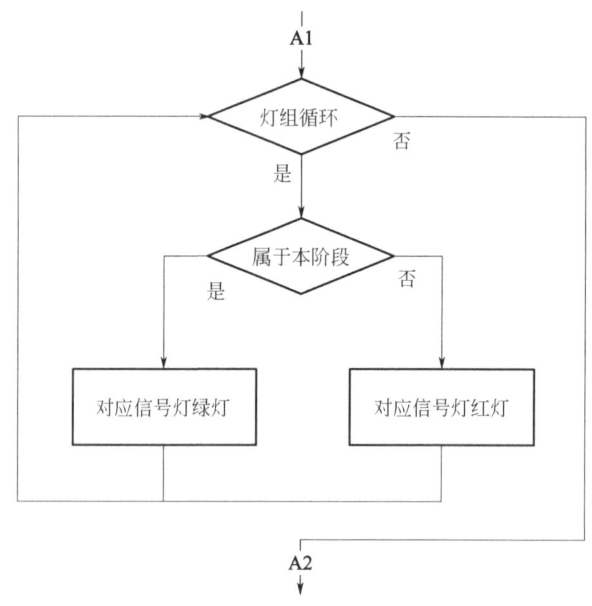


图 4.3 “输出信号灯状态”子流程

该流程图包含了一个循环结构“灯组循环”，循环结构内包括一个分支结构“属于本阶段”，分支结构两个分支均为循序结构。

① “灯组循环”用来遍历配时方案所有涉及的灯组，可以通过 for 循环或者 while 循环实现。

② “属于本阶段”用来判断当前灯组是否属于当前阶段，可以通过 if 判断进行实现。

③ “对应信号灯绿灯”用来对属于当前阶段的相位对应的信号灯灯组进行绿灯输出，可以通过实验平台库函数实现。

④ “对应信号灯红灯”用来对属于当前阶段的相位对应的信号灯灯组进行红灯输出，可以通过实验平台库函数实现。

再根据“输出信号灯状态”子流程图，编写该部分程序。

```
int j;
for(j=0;j<5;j++)
{
    if(Lamp[i][j]==1)
     write_lights_states(j+1,0,0,1,0,0);
    Else
      write_lights_states(j+1,1,0,0,0,0);
}
```

将上述代码合并到主程序，即可得到一个完整的固定配时信号控制器实现程序，如下所示。

```
//******************************************
#include "pwtsc.h"
int main()
{
    //主流程“初始化”
    int Green[3]={10,13,10};
    int Lamp[3][5]={{1,0,0,1,1},{0,1,0,1,0},{0,0,1,0,1}};

    //主流程“阶段循环”
    int i;
    for(i=0;i<3;i++)
    {
      //主流程“输出信号灯状态”
      int j;
      //子流程“灯组循环”
      for(j=0;j<5;j++)
      {
        //子流程“属于本阶段”
        if(Lamp[i][j]==1)
          //子流程“对应信号灯绿灯”
          write_lights_states(j+1,0,0,1,0,0);
        Else
          //子流程“对应信号灯红灯”
          write_lights_states(j+1,1,0,0,0,0);
      }
      //主流程“保持信号灯状态”
     sleep(Green[i]);
  }
}//******************************************
```

将上述代码保存为 test.c,并将源文件通过 SSH 软件传输到实验平台，然后使用指令 arm-linux-guneabihf-gcc test.c-L.-lpwtsc-o test 进行编译，最后运行“./test”执行该程序，其运行效果如图 4.4 所示。

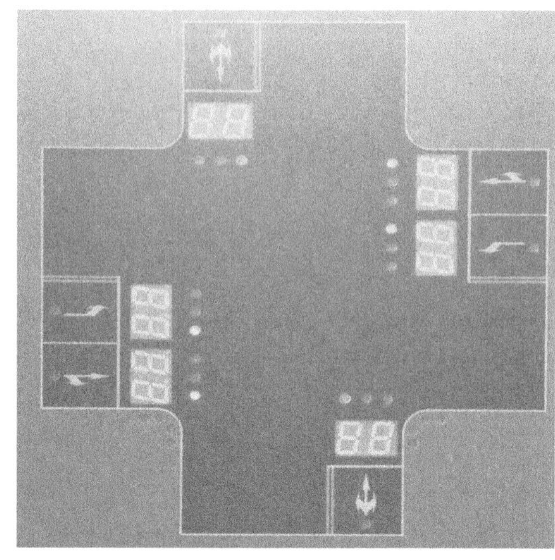

图 4.4　固定配时信号控制器程序执行效果

# 4.3　固定配时信号控制器程序优化

## 4.3.1　方案结构可变

上述程序虽然实现了固定配时信号控制器的基本功能，但是不难发现，在主流程“初始化”部分以及后续的“阶段循环”“灯组循环”部分，均受限于配时方案结构，即阶段数量和灯组数量。一旦配时方案结构发生了变化，上述程序便无法正常运行。

为了支持不同结构固定配时方案，控制器程序可以通过定义阶段数量（$N$）、灯组数量（$M$）变量进行。将前序程序修改如下。

```
//****************************************
#include "pwtsc.h"
int main()
{
    //分别定义配时方案中的阶段数量和灯组数量
    int stage_num =3, lamp_num =5;
    int Green[stage_num]={10,13,10};
    int Lamp[stage_num][lamp_num]
        ={{1,0,0,1,1},{0,1,0,1,0},{0,0,1,0,1}};
    int i;
    for(i=0;i<stage_num;i++)
    {
```

```
        int j;
        for(j=0;j<lamp_num;j++)
        {
            if(Lamp[i][j]==1)
                write_lights_states(j+1,0,0,1,0,0);
            Else
                write_lights_states(j+1,1,0,0,0,0);
        }
        sleep(Green[i]);
    }
}//*******************************************
```

从逻辑上来看，上述程序实现了对任意结构固定配时方案的支持，但是，由于 C 语言在数组定义的时候不支持动态长度这种形式，所以在编译时会出现错误。

考虑到一般的固定配时方案阶段数量不会无限大，并且一般信号控制器能够连接的信号灯也是受限的(如 32 相位信号机和 16 相位信号机分别对应 32 个和 16 个信号灯灯组的输出)。所以，可以通过定义阶段数量最大值为常量，用于建立相关联数组，同时通过定义当前需要执行方案的阶段数变量，用来控制程序的执行。

```
//*******************************************
#include "pwtsc.h"
#define MAX_STAGE 8
#define MAX_LAMP    32
int main()
{
    int stage_num =3, lamp_num=5;
    int Green[MAX_STAGE]={10,13,10};
    int Lamp[MAX_STAGE][MAX_LAMP]
        ={{1,0,0,1,1},{0,1,0,1,0},{0,0,1,0,1}};
    int i,j;
    for(i=0;i< stage_num;i++)
    {
        for(j=0;j< lamp_num;j++)
        {
            if(Lamp[i][j]==1)
                write_lights_states(j+1,0,0,1,0,0);
            Else
                write_lights_states(j+1,1,0,0,0,0);
        }
    sleep(Green[i]);
  }
}//*******************************************
```

通过上述处理，该程序即可执行任意阶段数量（小于MAX_STAGE)、任意信号灯灯组数量（小于 MAX_LAMP）固定配时信号控制方案。

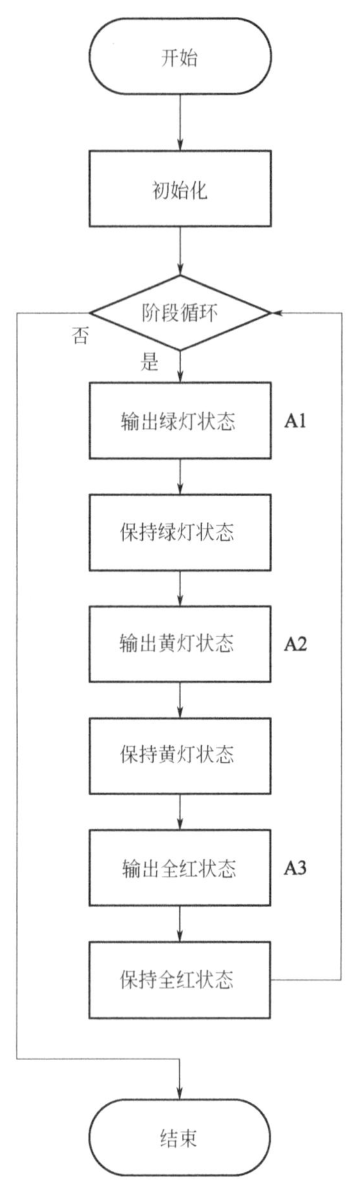


图 4.5　固定配时信号控制器程序执行效果

## 4.3.2　过渡灯态执行

上述控制器程序目前只实现了绿灯状态的输出，还缺少过渡灯态的输出，包括黄灯、全红等状态。这里，首先修改主流程图，添加过渡灯态流程，如图 4.5 所示。

可以看到，在“输出绿灯状态”和“保持绿灯状态”2个顺序结构后，分别增加了“输出黄灯状态”“保持黄灯状态”“输出全红状态”“保持全红状态”4个顺序结构，以此执行黄灯和全红状态的控制。

## 4.3.3　输出函数封装

在上述流程图中可以看到，“输出绿灯状态”“输出黄灯状态”“输出全红状态”等灯组状态的输出反复出现，因此从便利性的角度，可以对实验平台自带的信号灯输出函数进行封装，以便实现一些重复性信号灯输出工作。

### （1）单一灯组输出函数封装

从信号控制原理角度来看，信号灯灯组的输出对于使用者来说，只需要知道哪个灯组应该显示什么灯态即可。实验平台自带的灯组输出函数相对而言较为复杂且容易出错。因此，首先对单一灯组输出函数进行优化。

该函数的输入设定为灯组编号（id）和灯组状态（color），没有返回值。函数根据灯组编号和灯组状态，利用实验平台自带灯组输出函数将该 id 灯组输出为 color 状态。绘制该函数流程，如图 4.6 所示。

该流程图中只包含分支结构“灯态判断”，其各个分支均为循序结构，分别输出相应的灯组状态。由于是一个多分支结构，因此可以通过 switch 实现。

```
//*******************************************
void write_Light_Single(int id, int color)
{
    switch(color)
    {  case 0:write_lights_states(id,1,0,0,0,0);break;          //红灯
       case 1:write_lights_states(id,0,0,1,0,0);break;          //绿灯
       case 2:write_lights_states(id,0,1,0,0,0);break;          //黄灯
       case 255:write_lights_states(id,0,0,0,0,0);break;        //灭灯
    }
}//*******************************************
```

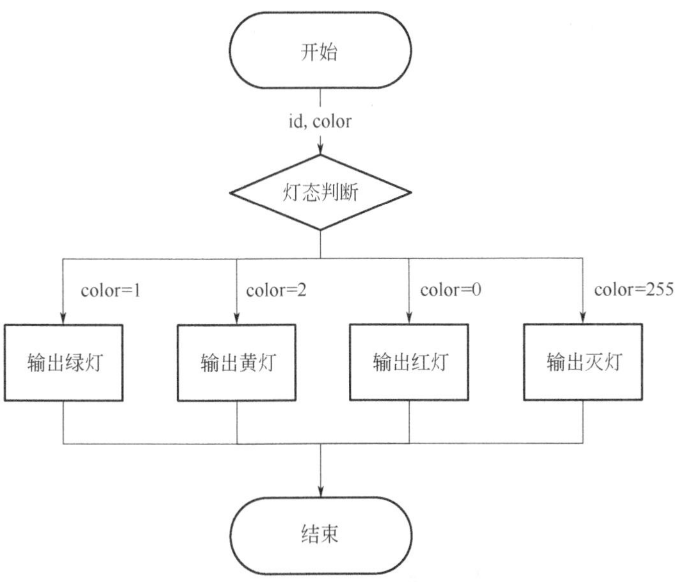


图 4.6　单一灯组输出函数流程

### （2）阶段灯组输出函数封装

阶段灯组输出函数的功能是根据阶段与灯组对应关系，一次性将所有对应灯组输出为某一个灯态。因此该函数的输入需要包括阶段与灯组对应关系（lamp[Max_Lamp]）、灯组数量（num）、输出灯态（color）。

该函数根据阶段与灯组对应关系 lamp[]，将该阶段所包含的灯组全部输出为 color 状态。由于 lamp[]数组是按照最大值传递的，因此通过实际当前执行的固定配时方案灯组数量 num 进行数量控制。绘制该函数流程，如图 4.7 所示。

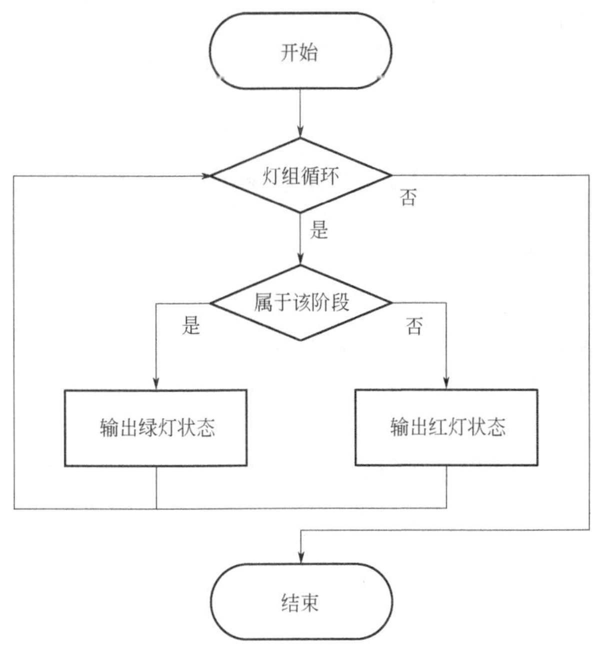


图 4.7　阶段灯组输出函数流程

该流程图包含一个循环结构“灯组循环”，其循环体是一个分支结构“是否属于该阶段”，两个分支均为循序结构，输出绿灯或者红灯状态。根据流程图即可完成该程序编写。

```
//*****************************************
void write_Light_Group(int lamp[MAX_LAMP], int color, int num)
{
    int i;
    for(i=0;i<num;i++)
      if(lamp[i] == 1)
        write_Light_Single(i+1,color);
      else
        write_Light_Single(i+1,0);
}//*****************************************
```

该程序最后即使用了刚刚定义的单一灯组输出函数 write_Light_Single()。

### （3）全部灯组输出函数封装

全部灯组输出函数的功能是将所有灯组输出为某一灯态。因此其输入包括当前方案涉及的灯组数量（num）以及灯态（color）。绘制流程，如图 4.8 所示。

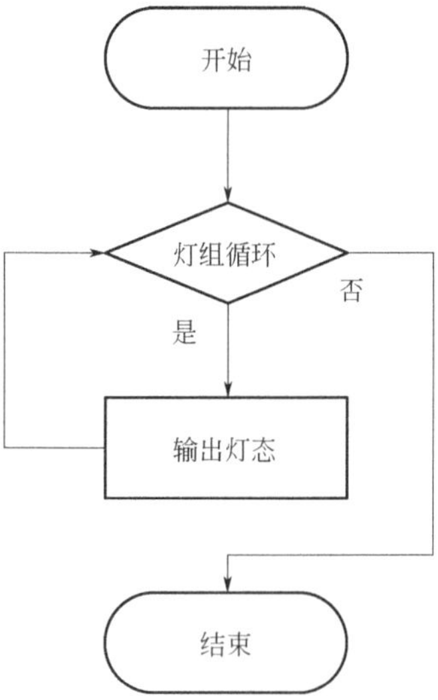

开始 → 灯组循环 —是→ 输出灯态 → 灯组循环；灯组循环 —否→ 结束

图 4.8　全部灯组输出函数流程

根据流程图编写对应函数。

```
//*****************************************
void write_Light_All(int color,int num)
{
    int i;
    for(i=0;i<num;i++)
      write_Light_Single(i+1,color);
}//*****************************************
```

类似地，该函数也使用了单一灯组输出函数 write_Light_Single()。

## 4.3.4　特殊常量处理

前序控制器程序中，涉及了多处信号灯灯组状态的常量，如 0 表示红灯，1 表示绿灯等。直接将有特定意义的数值作为程序中的状态判断，一方面会给不同的使用者带来其含义的混淆；另一方面在程序维护修改的过程中也十分烦琐，更容易造成错误。因此通过宏定义一些特殊常量，可以解决上述的问题。

以灯态为例，前序控制器程序用到了红灯、绿灯、黄灯以及灭灯四个状态，则在主程序前首先定义四个常量，分别表示对应的状态。

```
#define RED       0
#define GREEN     1
#define YELLOW    2
#define BLACK     255
```

后续调用相应的封装函数是，可使用常量代替数字，如下所示。

- write_Light_Single(1, GREEN)：将 1 号灯组输出绿灯。
- write_Light_Group({1,0,1,0},GREEN, 4)：将 1 号、4 号灯组输出绿灯。
- write_Light_All(4,GREEN)：将所有灯组输出绿灯。

## 4.3.5　配时方案输入

一般情况下，任何信号的控制方案都存储在数据库或者外部文件中。因此上述程序关于配时方案数据部分需要通过连接数据库、读取配置文件或者在线的标准输入进行管理。本小节以标准输入为例进行程序的设计及开发。固定配时信号控制器主流程如图 4.9 所示。

前序程序配时方案是在主流程图中“初始化”循序结构中进行定义的。因此，首先将初始化部分展开为一个子流程，用标准输入输出录入配时方案。配时方案输入子流程如图 4.10 所示。

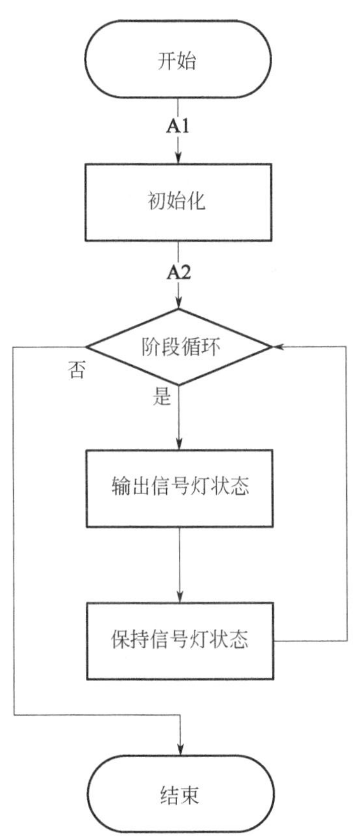


图 4.9　固定配时信号控制器主流程

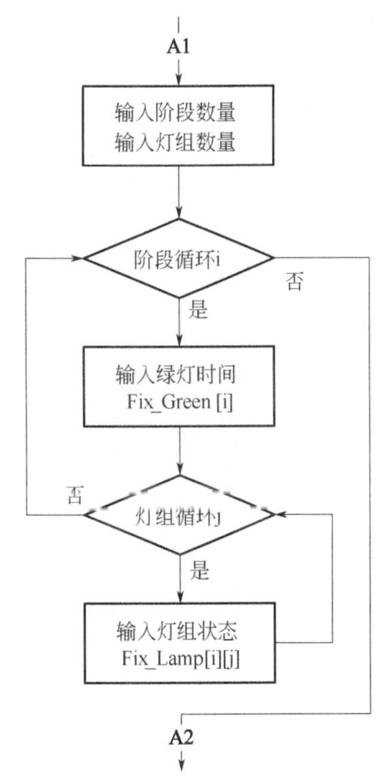


图 4.10　配时方案输入子流程

对应流程图，编写配时方案输入部分程序，如下所示。

```
//**********************************************
int main()
{
    //省略变量定义代码
    printf("请输入阶段数量:");
```

```
    scanf("%d",&stage_num);
    printf("请输入信号灯数量:");
    scanf("%d",&lamp_num);
    printf("请输入%d个绿灯时长:",stage_num);
    for(i=0;i<stage_num;i++)
    {
        scanf("%d",&Green[i]);
    }
    for(i=0;i<stage_num;i++)
    {
        printf("请输入第%d阶段%d个信号灯状态:",i+1,lamp_num);
    for(j=0;j<lamp_num;j++)
    {
        scanf("%d",&Lamp[i][j]);
    }
  }
  //省略方案执行代码
}//*******************************************
```

该程序通过 scanf()函数实现固定配时控制方案的输入，控制程序本身的设计及编写与具体的控制方案无关，实现了对任意结构及参数的固定配时控制方案的执行能力。此外该程序中，通过增加了若干输出语言，在运行过程中可以看到程序的执行情况，如图 4.11 所示。

图 4.11　固定配时信号控制器程序执行效果

## 4.4　固定配时信号倒计时算法及程序设计

倒计时器是一种常用的路口信号控制信息提示方式，特别常见于固定配时信号控制器管理的路口。由于带有倒计时的控制器功能需求具有一定的特殊性，因此本节对其分类、计算方法以及程序设计进行讲解。

和信号灯状态控制类似，一般而言一个相位或者一个灯组对应一个倒计时器。倒计时既包括绿灯倒计时，也包括黄灯以及红灯倒计时。不同阶段倒计时类型和倒计时数值一般不同，同一阶段内不同相位或灯组的倒计时类型和倒计时数值一般相同（不考虑搭接相位的情况）。

## 4.4.1　绿灯倒计时程序设计

不同于没有倒计时输出的控制器，倒计时数值的输出是以秒为单位更新的。也就是说，在前述程序中直接让程序休眠一个绿灯时长的方法是不可行的。因此，首先在流程图上对其进行修改，如图 4.12 所示。

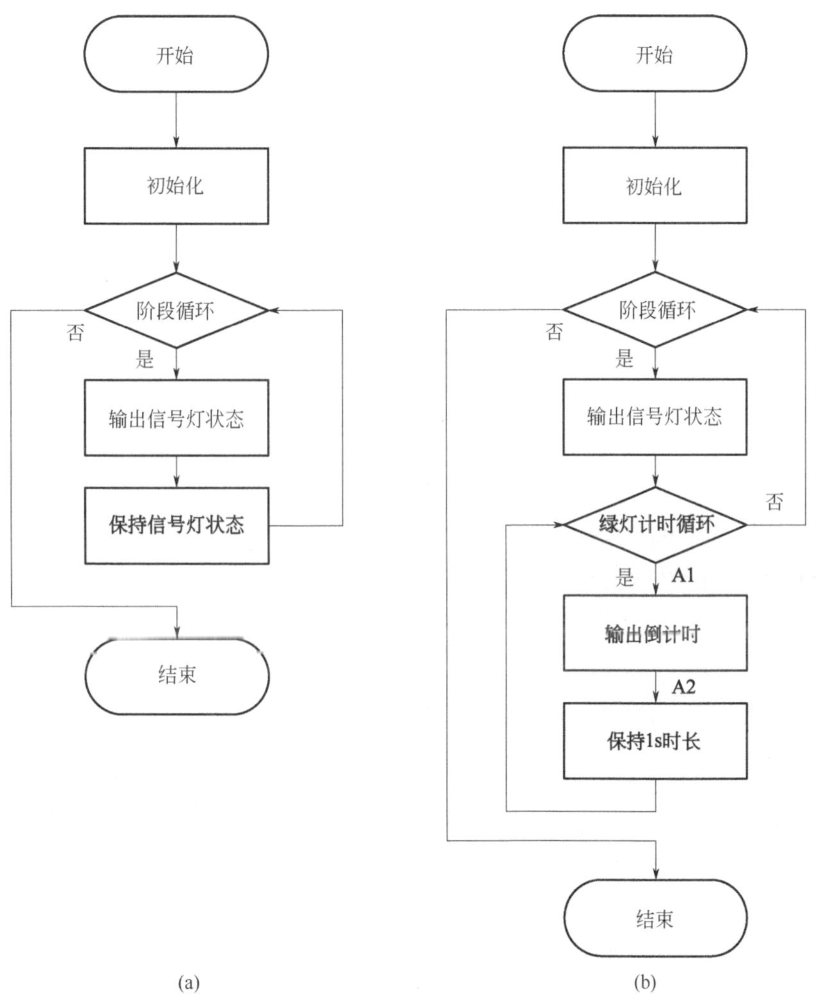


图 4.12　绿灯倒计时流程

这里，将休眠一个绿灯时长修改为一个循环结构，每次循环输出一次绿灯倒计时，直到绿灯计时时间大于该阶段绿灯时长。即将图 4.12（a）“保持信号灯状态”循序结构变为“绿灯计时循环”循环结构，而循环体内包含了两个循序结构“输出倒计时”和“保持 1s 时长”。

① “绿灯计时循环”用于控制绿灯时间长度，以 1s 为循环基本单位。

② “输出倒计时”用于输出绿灯倒计时器的数值，即本阶段对应倒计时器的数值。

③ “保持 1s 时长”用于控制信号灯及倒计时器持续时间，也是循环体的基本计时单位。

可以看到，从流程图结构上说，绿灯倒计时仅仅需要修改前序章节中“保持信号灯状态”这个循序结构即可。

类似“信号灯状态输出”，对于“输出倒计时”也需要绘制子流程图，如图 4.13 所示。两者的基本结构相同，只是将调用信号灯输出函数改为调用倒计时器输出函数。

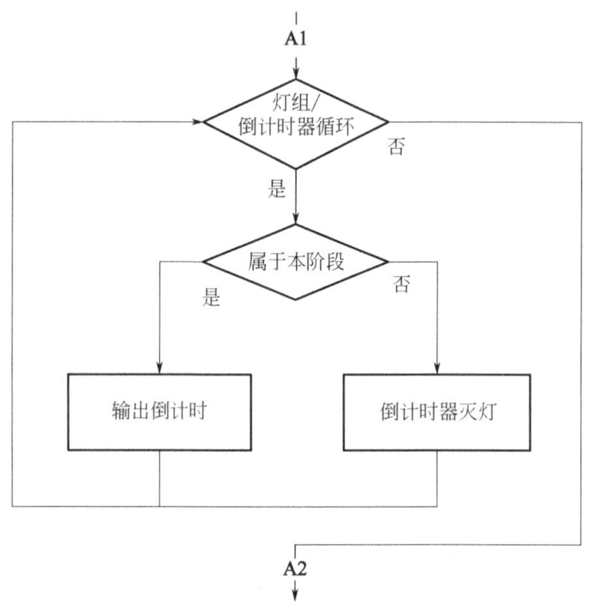


图 4.13　绿灯倒计时流程

按照设计流程图，编写对应代码。

```
//****************************************
int main()
{
    //省略配时方案输入代码
    for(i=0;i<stage_num;i++)
    {
        write_Light_Group(Lamp[i],GREEN,lamp_num);
        //流程变化部分开始
        //主流程“绿灯计时循环”
        for(t=0;t<Green[i];)
        {
            //子流程“灯组/倒计时器循环”
            for(j=0;j<lamp_num;j++)
        {
            if(Lamp[i][j]==1)
                write_countdown_value(j,Green[i]-t);
```

```
            else
                write_countdown_value(j,BLACK);
        }
        sleep(1);
        t=t+1;
    }
    //流程变化部分结束
  }
}//*******************************************
```

该程序根据流程图的变化，将前序代码中 sleep(Green[i])修改为加粗字体部分代码，从而实现绿灯倒计时。其中，需要注意的是，新定义了一个变量 $t$，用来记录当前阶段已经执行了多长时间（以秒为单位），而倒计时器输出的绿灯倒计时=当前阶段绿灯时长-当前阶段已经执行的绿灯时长。同时，变量 $t$ 的更新没有放在 for 循环中，是因为 $t$ 的变化和休眠函数相关，两者位置相邻的编写利用后续修改和排查错误。

和信号灯灯态输出函数类似，也可以将倒计时器的输出进行函数封装，包括 write_Countdown_Single 和 write_Countdown_Group 两个函数。

write_Countdown_Single()函数用来输出单一倒计时器数值。

```
//*******************************************
void write_Countdown_Single(int id, int value)
{
    if(value>=0&&value<100)
        write_countdown_value(id, value);
    else
         write_countdown_value(id, 255);
}//*******************************************
```

write_Countdown_Group()函数用来输出同一阶段所有倒计时器数值。

```
//*******************************************
void write_Countdown_Group(int gourp[MAX_LAMP], int value, int num)
{
    int i;
    for(i=0;i<num;i++)
    {
        if(gourp[i] == 1)
            write_Countdown_Single(i+1,value);
        else
            write_Countdown_Single(i+1,BLACK);
    }
}//*******************************************
```

利用上述倒计时器封装函数，改写主程序。

```
//*********************************************
#define STEP 1
int main()
{
    //省略配时方案输入代码
    printf("开始执行方案\n");
    for(i=0;i<stage_num;i++)
    {
        printf("  正在执行第%d 阶段,时长%d 秒\n",i+1,Green[i]);
        for(j=0;j<lamp_num;j++)
        {
            write_Light_Group(Lamp[i],GREEN,lamp_num);
        }
        printf("  倒计时:");fflush(stdout);
        for(t=0;t<Green[i];)
        {
            write_Countdown_Group(Lamp[i],Green[i]-t,lamp_num);
            printf("%d ", Green[i]-t);fflush(stdout);
            sleep(STEP);
            t=t+STEP;
        }
    }
    printf("方案执行完成\n");
}//*********************************************
```

该程序中，在计时循环中增加了计时变量的输出，通过控制台直接打印倒计时数值，同时实验平台倒计时数码管输出绿灯倒计时数值，如图 4.14 和图 4.15 所示。

图 4.14　绿灯倒计时程序控制台过程

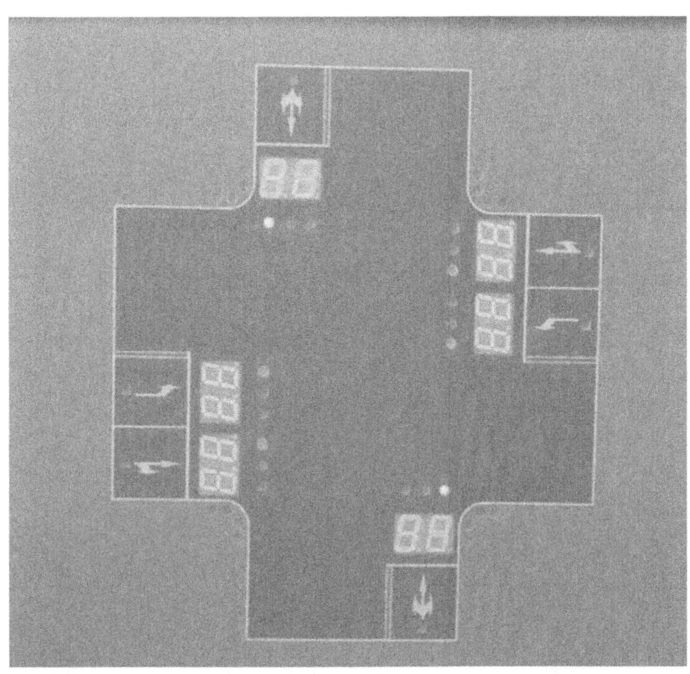

图 4.15　绿灯倒计时实验平台

## 4.4.2　全灯态倒计时程序框架

从逻辑结构上来看，全灯态倒计时和绿灯倒计时的框架是基本一样的，不同的地方在于图 4.16 中“输出倒计时”循序结构，其在绿灯倒计时中是输出当前阶段包含的所有相位的绿灯倒计时数值，而在全灯态倒计时中除了输出绿灯倒计时外，还需要输出其他阶段包含相位对应的红灯倒计时数值，且不同阶段的红灯倒计时数值不同。

因此，根据全灯态倒计时控制器的需求，重新绘制“输出倒计时”循序结构的子流程，如图 4.17 所示。不同于灯组状态输出和绿灯倒计时输出，全灯态倒计时输出流程图需要用两个循环结构才能实现对所有阶段分别对应的倒计时器进行输出控制。

该子流程图最外层是一个循环结构“阶段循环”，内部第二层是一个循环结构“灯组/倒计时器循环”，第二层循环内部的循环体是一个分支结构“属于循环阶段”，分支结构内循环体也是一个分支结构“循环阶段绿灯”。

① 阶段循环：全灯态倒计时器输出不同阶段倒计时的类型和数值均不同，因此通过该循环依次遍历所有阶段对应的倒计时器，分别进行倒计时器的控制。

② 灯组/倒计时器循环：对某一个阶段，遍历所有灯组/倒计时器，对属于某一阶段的灯组/倒计时器进行控制。

③ 属于循环阶段：判断某一个灯组/倒计时器是否属于某一阶段。

④ 循环阶段绿灯：判断某一个灯组/倒计时器是否是绿灯，以及是否属于当前正在执行通行权的阶段。

⑤ 输出绿灯倒计时：如果某一个灯组/倒计时器属于正在执行通行权的阶段，则倒计时为绿灯倒计时。

⑥ 输出红灯倒计时：如果某一个灯组/倒计时器不属于正在执行通行权的阶段，则倒计

时为红灯倒计时。

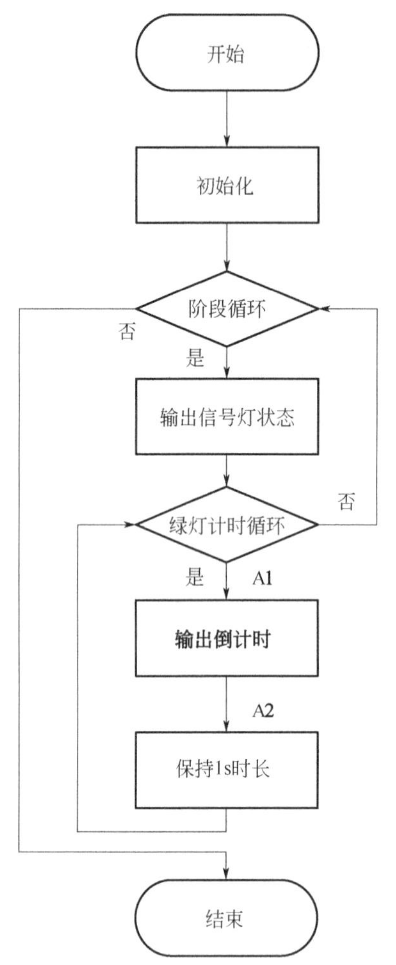


图 4.16　全灯态倒计时流程

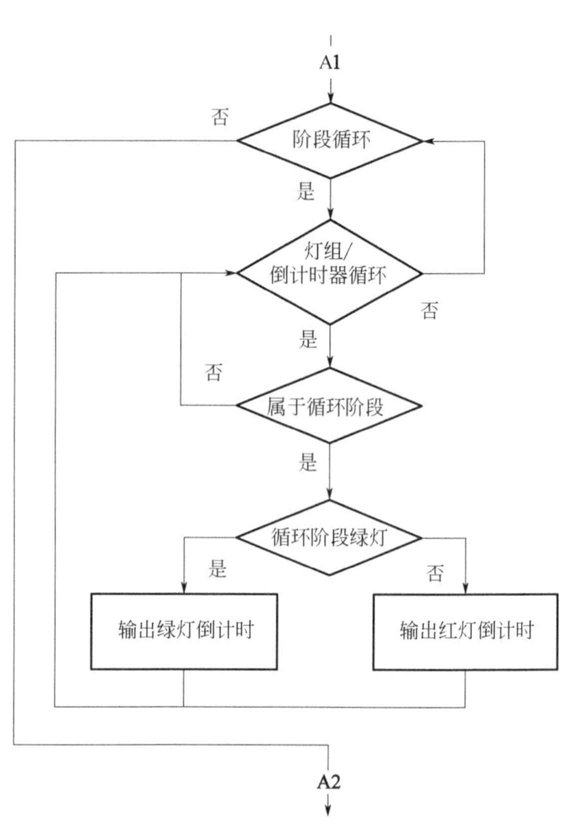


图 4.17　输出全灯态倒计时子流程

根据上述倒计时输出子流程编写程序。

```
//******************************************
//定义 ii、jj,分别用来进行阶段循环和灯组循环
int ii,jj;
for(ii=0;ii<stage_num;ii++)
{
    for(jj=0;jj<lamp_num;jj++)
    {
        if(Lamp[ii][jj]==1)
        {//i 是主循环中当前正在执行的阶段编号
            if(ii==i)
            //t 是当前阶段已经执行的时间长度
            {write_Countdown_Single(jj+1,Green[ii]-t);}
            else
```

```
            {write_Countdown_Single(jj+1,value);}
        }
        else{;}
    }
}//*********************************************
```

需要注意以下两个问题。

① 主流程中使用 i 作为阶段循环的控制变量，因此这里重新定义了 ii 做循环控制，避免嵌套循环控制变量的混乱造成错误。

② 不同于绿灯倒计时数值可以由 Green[ii]-t 简单计算得到，红灯倒计时数值 value 较为复杂，且不同阶段倒计时数值不同，因此上述程序暂用 value 替代。

在 4.4.1 节中，已经将按照阶段输出倒计时功能进行了函数封装，因此可以修改全灯态倒计时输出子流程图并优化程序代码（图 4.18）。

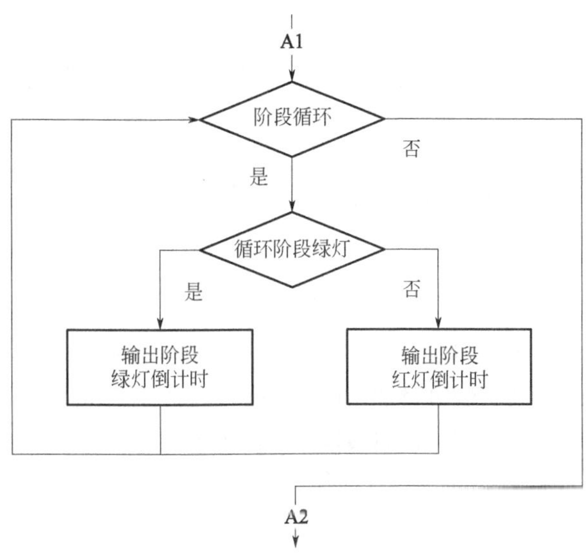


图 4.18　输出全灯态倒计时子流程图

根据新流程图，优化对应程序代码。

```
//*********************************************
//定义 ii、jj,分别用来进行阶段循环和灯组循环
int ii,jj;
for(ii=0;ii<stage_num;ii++)
{    //i 是主循环中当前正在执行的阶段编号
     if(ii=i)
    { write_Countdown_Group(Lamp[ii],Green[ii]-t,lamp_num);}
    else
    { write_Countdown_Group(Lamp[ii],value,lamp_num);}
}//*********************************************
```

同样地，value 为红灯阶段的倒计时数值。红灯倒计时数值的计算，将在下面单独介绍。

### 4.4.3 全灯态倒计时计算方法

全灯态倒计时不同于绿灯倒计时，其计算较为复杂，因此首先需要得到全灯态倒计时的计算方法，即需要知道一个周期内任意时刻各个相位倒计时的数值是多少，并可以通过具体的方法进行计算。

首先，对倒计时的类型进行分类，包括绿灯倒计时、黄灯倒计时和红灯倒计时（全红没有倒计时，而是直接累计到红灯倒计时内）。其中，黄灯倒计时和绿灯倒计时类似，都是当前正在执行阶段对应相位的倒计时，其计算方法也类似，这里不再赘述。

以某三阶段固定配时控制方案为例，如图 4.19 所示。在一个周期内，对于任意一个时刻 t，必有某一个阶段正在执行（包括绿灯、黄灯和全红），剩余其他阶段均为红灯。也就是说某些时刻可能所有的相位均是红灯倒计时。图 4.19 中三段长度分别表示了阶段 2 的绿灯倒计时和阶段 1、3 的红灯倒计时。

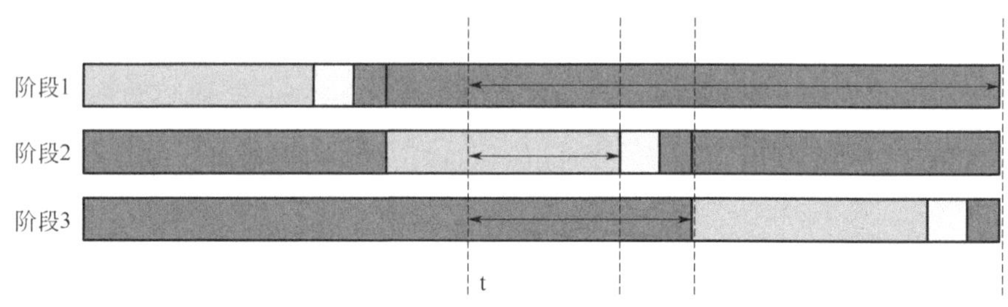


图 4.19　三阶段固定配时控制方案时序

- 阶段 1，剩余红灯时长=周期时长 – 该周期已经执行的时长。
- 阶段 2，剩余绿灯时长=该阶段绿灯时长 – 已经执行绿灯时长。
- 阶段 3，剩余红灯时长=该阶段绿灯起始时刻 – 当前时刻。

可以看到，不同阶段的倒计时数据计算方法和用到的变量均不相同，这也给程序的设计和编写造成了困难。不过，通过进一步分析可以发现，红灯倒计时的计算方法可以进行统一。

将图 4.19 扩展为两个周期的时序图，如图 4.20 所示。

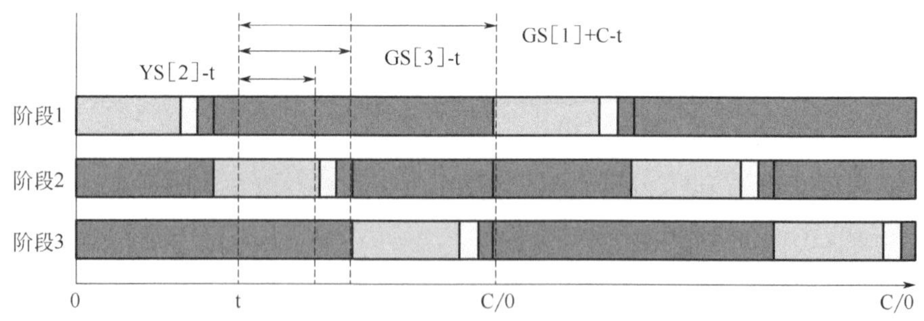


图 4.20　三阶段固定配时方案时序

其中 GS[i]表示第 i 各阶段绿灯起始的时刻，YS[i]和 RS[i]类似。t 表示当前周期执行的时间。从图 4.20 中可以看出，阶段 1 中红灯剩余时间是下个周期阶段 1 绿灯起始时刻减去当前时刻；而阶段 3 中红灯剩余时间是本周期该阶段绿灯起始时刻减去当前时刻；时刻 t 位于阶

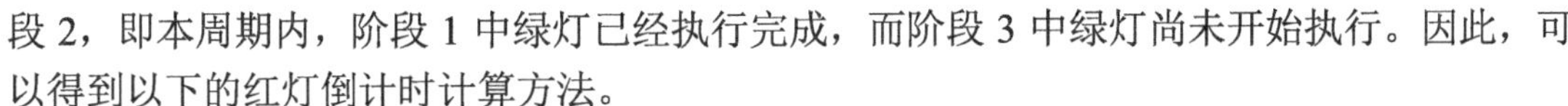
段 2，即本周期内，阶段 1 中绿灯已经执行完成，而阶段 3 中绿灯尚未开始执行。因此，可以得到以下的红灯倒计时计算方法。

① 当前周期已经执行完绿灯的相位，其红灯剩余时间=该相位绿灯起始时刻+周期-本周期已经执行的时间，如图 4.20 中 GS[1]+C-t。

② 但前周期尚未执行完绿灯的相位，其红灯剩余时间=该相位绿灯起始时刻-本周期已经执行的时间，如图 4.20 中 GS[3]-t。

## 4.4.4　全灯态倒计时程序设计

从全灯态倒计时计算方法可以看到，相对于全灯态倒计时框架部分，有两处需要修改：一是在初始化的时候，需要根据配时方案计算各个阶段绿灯起始时刻，以便后续红灯倒计时计算的使用；二是在输出红灯倒计时要区分输出阶段是否在本周期已经执行过绿灯。

对第一个问题，根据各个阶段起始时刻计算方法，绘制初始化流程，如图 4.21 所示。

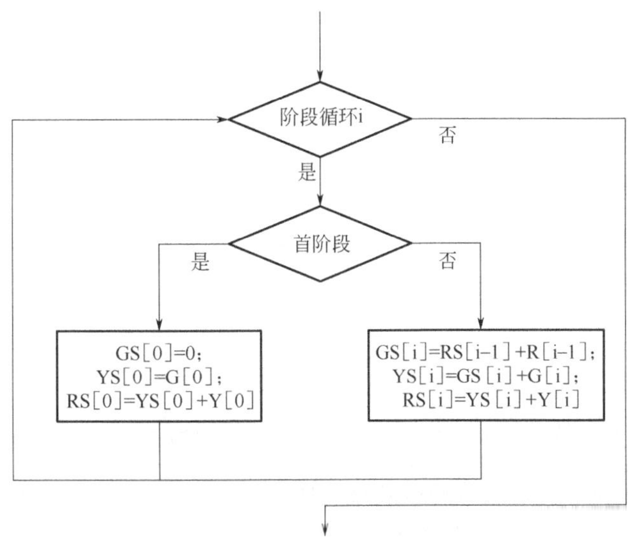


图 4.21　起始时刻计算流程

根据流程图编写计算各阶段起始时刻的程序代码，如下所示。

```
//**********************************************
//参数计算
//周期
for(i=0;i<stage_num;i++)
{
    C = C+Green[i]+Yellow[i]+Red[i];
   }
   //各阶段起始时刻
   for(i=0;i<stage_num;i++)
   {
      for(j=0;j<i;j++)
      {
```

```
            GS[i] = GS[i] + Green[j]+Yellow[j]+Red[j];
        }
        YS[i] = GS[i] + Green [i];
        RS[i] = YS[i] + Yellow [i];
}//*******************************************
```

对于第二个问题，首先修改全灯态倒计时输出子流程，如图 4.22 所示。

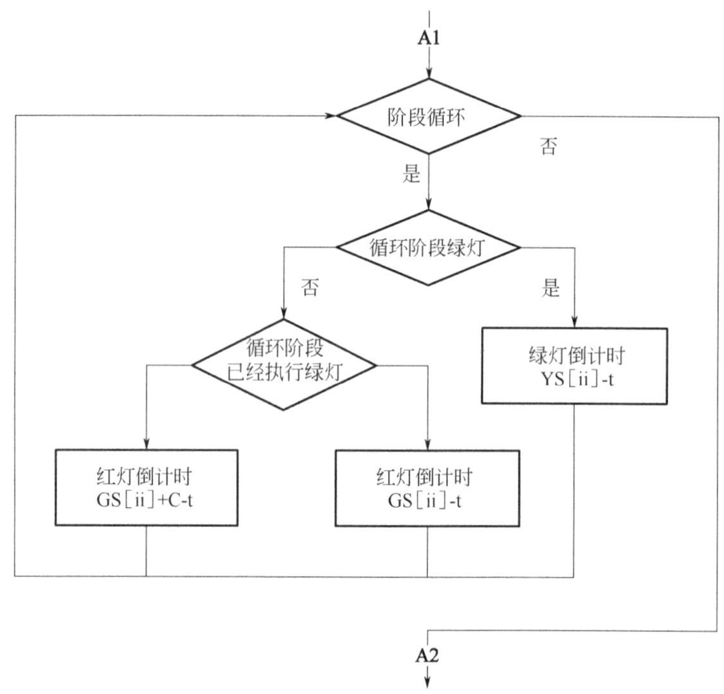


图 4.22　全灯态倒计时输出子流程

基于上述两个子流程图，再次修改实现代码。

```
//*******************************************
//定义 ii、jj,分别用来进行阶段循环和灯组循环
int ii,jj;
for(ii=0;ii<stage_num;ii++)
{    //i 是主循环中当前正在执行的阶段编号
    if(ii=i)
    { write_Countdown_Group(Lamp[ii],YS[ii]-t_cycle,lamp_num);}
    else
    {
        if(ii<i)
            write_Countdown_Group(Lamp[ii],GS[ii]+C-t_cycle,lamp_num);
        else
            write_Countdown_Group(Lamp[ii],GS[ii]-t_cycle,lamp_num);
    }
}//*******************************************
```

其中，t_cycle 是周期的计时变量，周期内阶段切换正常计时，新周期开始进行重置。

# 第5章 感应信号控制原理及程序设计

## 5.1 感应控制器需求分析

交通感应信号是通过车辆检测器测定到达进口道的交通需求，使信号显示时间适应测得交通需求的一种控制方式。感应控制对车辆随机到达的适应性较大，可使车辆在停车线前尽可能少停车，达到交通通畅的目的。和固定配时控制类似，感应控制每个阶段是绿灯、黄灯、全红的过程，不同之处在于绿灯时间的长度根据检测器检测车辆的情况来确定。

### 5.1.1 控制器输入

感应控制器的输入包括感应控制配时方案，阶段与物理端口对应关系，以及检测器状态等信息。其中感应控制配时方案和物理端口对应关系是静态的，即在方案执行前已经确定，并且在方案执行过程中不会发生变化；而检测器状态是动态的，其在方案执行过程中时刻变化。

#### （1）配时方案

配时方案中包括最小绿灯时间、最大绿灯时间、单位绿灯延长时间、黄灯时间和全红时间等参数。可以通过定义数组存储配时方案信息。以3阶段配时方案为例，如下所示。

```
int N = 3;                                  //阶段数
int Min[StageMax] = {10,10,10};             //最小绿灯时间
int Max[StageMax] = {30,30,30};             //最大绿灯时间
```

```
int Pass[StageMax] = {4,4,4};                 //单位绿灯延长时间
int Yellow[StageMax] = {3,3,3};               //黄灯时间
int Red[StageMax] = {2,2,2};                  //全红时间
```

其中 StageMax 是该控制器支持的最大阶段数量。

### （2）物理端口对应关系

不同于固定配时，感应控制除了需要阶段和灯组的对应关系外，还需要阶段和检测器的对应关系，并且检测器和灯组的数量均不确定。

```
int Lamp[StageMax][LampMax] =
    {{1,0,0,1,0,0},{0,1,0,0,1,0},{0,0,1,0,0,1}};
int Det[StageMax][DetMax] =
    {{1,0,0,1,0,0},{0,1,0,0,1,0},{0,0,1,0,0,1}};
```

其中，LampMax 是该控制器支持的最大灯组数量，DetMax 是该控制器支持的最大检测器数量。

### （3）检测器状态

检测器状态用来存储绿灯延时检测器检测到的车辆状态信息，定义如下。

```
int DetlStatus[DetMax];                       //检测器状态变量
```

对于感应控制而言，若同一个阶段包含多个绿灯延时检测器，则其是否进行绿灯延长操作取决于其中任意一个检测器是否检测到车辆，因此，定义一个用于存储阶段是否检测到有效车辆的变量数组。

```
int DetStageStatus[StageMax];                 //阶段检测车辆状态变量
```

其中，注意数组的长度是 StageMax，而不是 DetMax。而 DetStageStatus 变量的数值由 DetStatus 数组以及 Det 数组共同决定。

## 5.1.2 控制器输出

固定配时信号控制器的输出包括信号灯和倒计时器，这两项在实验平台的库函数中均进行了定义。在控制程序相应的位置调用库函数进行状态输出即可。该部分和固定配时完全相同，具体参见前面章节。

# 5.2 车辆检测算法原理及设计

感应控制常用的检测器包括线圈检测器和地磁检测器，其原理均是通过电磁感应检测车辆是否通过检测器上方空间。

在实验平台中，使用两类按钮来模拟检测器状态：一种是自锁型按钮，用来模拟排队检测器，即车辆停在检测器上方的情况；另一种是复位型按钮，用来模拟绿灯延长检测器，即车辆通过检测器的情况。

① 自锁型检测器。在按下自锁型检测器的按键后，会变成高电平状态并一直保持，直到下次按键时才变成低电平状态，如此往复切换状态。

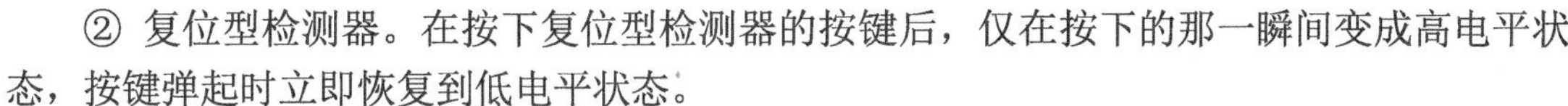

② 复位型检测器。在按下复位型检测器的按键后，仅在按下的那一瞬间变成高电平状态，按键弹起时立即恢复到低电平状态。

## 5.2.1 检测器类型及特点

### （1）排队检测器（自锁型检测器）

排队检测器一般用于判断冲突相位是否有车辆排队等待，在当前相位绿灯期间，只需要检测当前时刻冲突相位检测器是否为有车状态即可。即调用平台库函数 int read_detector_button_state( int light_group_number )，若函数返回值为 1 则说明自锁型检测器为高电平，代表排队检测器检测到车辆排队；若返回值为 0 则表示没有车辆排队。

### （2）绿灯延长检测器（复位型检测器）

由于排队检测器是用来检测车辆排队状态的，只要不切换绿灯，排队状态一般都是持续存在的。因此自锁型检测器在需要的时刻直接获取检测器当前状态，就能反映是否有车辆排队。

而绿灯延长检测器的使用相对复杂一些。绿灯延时检测器用来检测绿灯放行期间，是否有后续车辆到达。因此一般情况下，车辆都是相对较快地通过检测器上方，其产生的高电平也不会一直保持下去。这样一来，使用系统库函数只能获取当前时刻绿灯延长检测器上是否有车，而无法获取两次采集检测器状态间隔时间内是否有车辆已经通过了该检测器。

同时由于城市交通信号的基本控制时间单位是 1s，对于车辆通过检测器的时间则太长，按照每秒来读取检测器状态，很可能会漏掉待检测车辆。

如图 5.1 所示，当延时检测器检测到的车辆高电平宽度较窄时，1s 的采样检测很可能漏掉一些通过的车辆（图 5.1 中第一个高电平和第二个高电平），当然也有可能恰好采集到车辆通过时的高电平（图 5.1 中第三个高电平）。

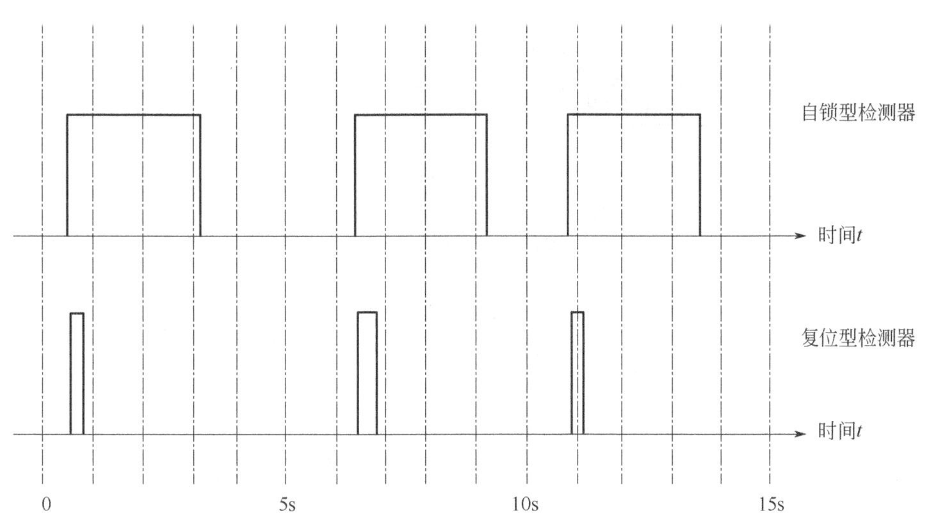


图 5.1 检测器波形图与采样过程

### 5.2.2 多线程独立检测

为解决检测器采样频率高于控制程序控制最小间隔的问题，需要单独开启一个新线程，专门用来实时采集检测器状态，并进一步处理数据，才能及时、准确地将检测数据提供给感应控制程序使用。

在固定配时信号控制器（不考虑倒计时）流程图的基础上，绘制带有检测器独立线程的流程图，如图 5.2 所示。

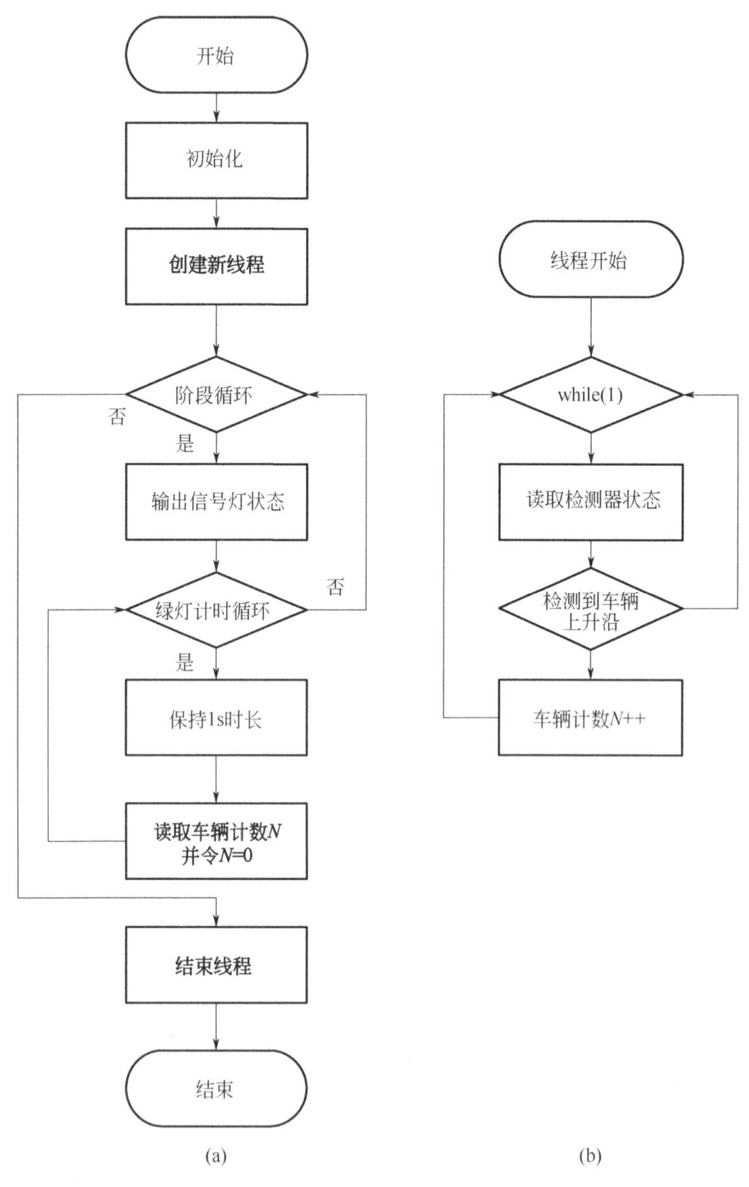


图 5.2　多线程车辆检测流程

其中图 5.2（a）中有三个部分进行了修改。

① 顺序结构“创建新线程”。启动检测器采样新线程，即图 5.2（b）所示。

② 顺序结构“读取检测器状态”。在每次控制程序单位控制时间，获取以此检测器状态，该检测器状态是通过右侧线程独立检测并进行维护的。

③ 顺序结构“结束线程”。当控制方案执行完成后，需要将上述检测线程关闭。

## 5.2.3　车辆检测原理及设计

独立检测线程流程图涉及如何根据检测到的高低电平信号进行车辆的识别。一般而言，基于逻辑电平信号的车辆检测有两种常用方法：一种是上升沿检测；另一种是高电平宽度检测。

如图 5.3 所示，上方为检测器检测到的高低电平信号，下方为其对应的波形图。上升沿检测即检测波形由 0 变为 1 的情况；宽度检测即检测连续高电平持续数量的情况。

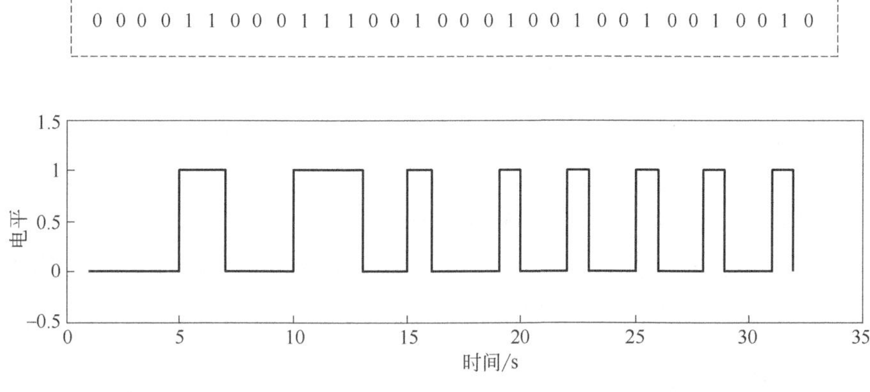


图 5.3　检测器状态及波形图示例

### （1）上升沿检测方法

这里以上升沿检测为例进行程序的设计。定义变量 temp[20]用于存储最近 20 个检测器状态数据；定义 flow 用于存储检测到的车辆数量。通过下面的程序即可实现对该段数据内通过检测器车辆数的计数功能。

```
//*******************************************
int temp[20]={0,0,0,1,1,0,0,0,1,0,0,1,1,1,0,1,1,0,1,0};
int flow = 0;
int i;
for(i=0;i<19;i++)
{
    if(temp[i]==0&&temp[i+1]==1)
    {
        flow++;
    }
}//*******************************************
```

如果通过实验平台系统函数读取检测器实时状态,则可以修改为

```
//******************************************
int temp[20];
int flow = 0;
int i;
int det_no = 1;
for(i=0;i<20;i++)
{
    temp[i]=read_detector_button_state(det_no);
    usleep(100*1000);
}
for(i=0;i<19;i++)
{
   if(temp[i]==0&&temp[i+1]==1)
   {
      flow++;
   }
}//******************************************
```

其中，每个0.1s读取一次1号检测器状态，并存入temp[]数组中，2s共检测20个数据，然后用同样的方法检测上升沿进行车辆的计数。

### （2）高电平宽度检测方法

高电平宽度检测方法不仅可以对车辆进行计数，还可以排除无用或者是干扰造成的高电平。由于车辆通过检测器的速度是有限的，因此其产生的高电平也有最小持续时间。这样一来，通过检测高电平宽度，可以提出干扰信号。高电平宽度检测用来计数的方法如下所示。

```
//******************************************
int temp[20];
int flow = 0;
int i;
int det_no = 1;
for(i=0;i<20;i++)
{
   temp[i]=read_detector_button_state(det_no);
    usleep(100*1000);
}
int flag = 0;
int width = 2;
int cnt = 0;
for(i=0;i<19;i++)
{
    if(flag==0)
```

```
    {
        if(temp[i]==0 && temp[i+1]==1)
        {
            flag = 1;
            cnt ++;
        }
        else
        {
            if(temp[i+1]==1)
            {
                cnt ++;
            }
            else
            {
                if(cnt>=width)
                {
                    flow ++;
                }
                cnt = 0;
                flag = 0;
            }
        }
    }
}//*******************************************
```

其中，变量 flag 用来标记是否找到上升沿，变量 width 用来约束高电平最小宽度，变量 cnt 用来记录检测到的高电平宽度。

上述两种方法均可以作为车辆检测算法应用于独立检测线程中。

## 5.3　全感应信号控制算法及设计

本节暂不考虑独立线程检测车辆的情况，即假设实验平台库函数能够直接获取绿灯延时检测器前一段单位时间内车辆通过状态（而不是当前时刻状态）。

通过感应控制的基本原理，可以发现其与固定配时控制的区别主要包括以下两个方面。

① 感应控制各个阶段的实际绿灯执行时间是不确定的，但是介于该阶段最小绿灯时间和最大绿灯时间之间。

② 感应控制需要不断处理检测器的检测数据，以便进行感应逻辑的控制，即需要检测器状态作为控制程序的实时输入。

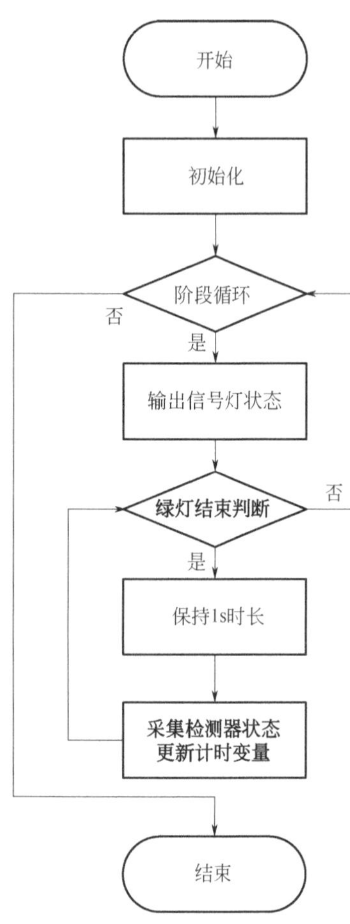


图 5.4　全感应控制流程图

## 5.3.1　全感应控制程序框架

从全感应控制原理来看，其控制框架和固定配时基本相同，主要区别在于如何决定一个阶段的绿灯时长，并且这个决定过程是根据检测器状态时刻变化的。因此，首先在固定配时流程图的基础上进行修改，如图 5.4 所示。

其中，主要修改了以下两个部分。

① 循环结构“绿灯结束判断”。固定配时信号控制器只需判断执行绿灯时长与该阶段设定绿灯时长关系即可，但是感应控制器判断绿灯结束的条件不同。

② 顺序结构“采集检测器状态更新计时变量”。该部分为新增结构，用于获取检测器状态，从而调整相关变量，用于绿灯时长变化或者结束的判断。

因此，可以看到，全感应控制流程图的架构和固定配时基本相同，区别在于如何设计变量及其更新方法，以便决定何时结束当前阶段的绿灯时间，即绿灯时长的算法应该怎样设计。

## 5.3.2　绿灯时长算法设计

根据全感应控制原理（图5.5）所示，除了基本的静态配时参数（最小绿、最大绿、绿延时）外，还隐含了两类事件以及两个动态变量。

两类事件均由检测器触发。

① 冲突相位排队事件。该事件由冲突相位检测到车辆排队触发，其作用是开始本阶段的最大绿计时。

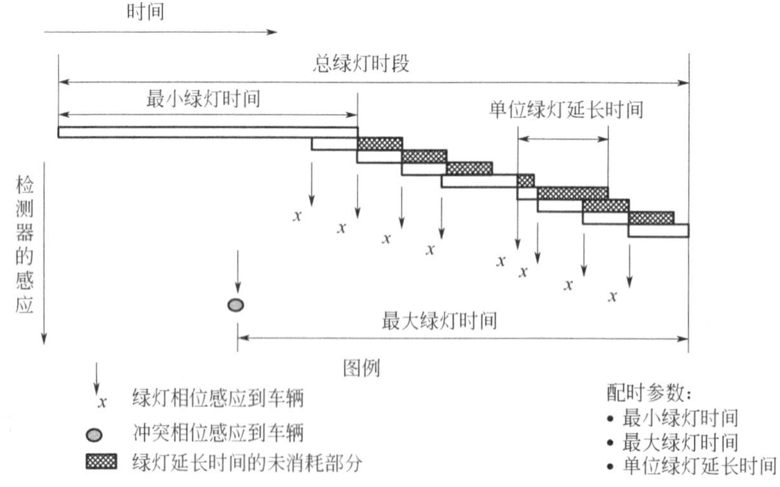


图 5.5　全感应控制原理

② 本相位绿延时事件。该事件由本相位绿灯延时检测器检测到车辆触发，其作用是延长本阶段绿灯，以便该检测到的车辆能够顺利通过交叉口。

两个动态变量如下。

① 计时变量 $t$，用于记录当前阶段已经执行的绿灯时间长度，及图 5.5 中横坐标时间所示内容，该变量跟随控制程序时间间隔进行更新。

② 期望绿灯时间 $G$，即表示当前阶段绿灯应该执行多长时间结束。该变量初始值应该是最小绿灯时间（Min），是根据检测器状态动态变化的。

因此，如何实现全感应控制，关键在于如何根据上述两个变量决定绿灯是否结束以及如何动态更新这两个变量。

根据感应控制原理，如果当前阶段绿灯执行时长小于最小绿则继续执行；若大于最小绿，同时没有车辆通过检测器，则结束本阶段绿灯；若大于最小绿，同时有车辆通过检测器，则判断执行时长大于最大绿，结束本阶段，否则继续判断下一时刻是否有车辆通过。

**（1）绿灯结束条件**

从全感应控制原理图可以得到，绿灯结束条件可以表示为 $t>G$，即一旦当前结束绿灯以及执行的时间长度大于当前时刻期望的绿灯时间长度，当前阶段绿灯就应该结束。

**（2）变量更新规则**

计时变量 $t$ 的更新规则比较简单，跟随控制程序的时间步长累加即可。而期望绿灯时间长度 $G$ 的更新规则就是感应控制的核心算法内容。

① $G$ 的初始值是最小绿灯时间（Min），即不管检测器后续有没有检测到车辆，期望绿灯时间最小就是 Min。

② $G$ 的最大值是最大绿灯时间（Max），即不管检测器检测到多少车辆，期望绿灯时间最大就是 Max。

③ $G$ 的更新是根据检测器状态触发的，即一旦检测到车辆，如果剩余的期望绿灯时间还大于绿灯延时时间（Pass），则 $G$ 不变；否则，期望绿灯时间需要在当前时刻 $t$ 的基础上增加一个 Pass 时间，及 $G$=$t$+Pass。同时 $G$ 的更新受到前面两条规则的限制。

## 5.3.3　全感应控制程序设计

根据绿灯时长算法设计，修改感应控制流程图，如图 5.6 所示。

其中，修改的部分如下。

① 增加了两个动态变量 $t$（计时变量）和 $G$（期望绿灯时长变量），这两个变量在首次进入阶段时进行初始化（$t$=0, $G$=Min）。

② 循环结构“判断 $t<G$”，即通过 $t$ 和 $G$ 的相对大小，决定是否结束当前阶段绿灯。

③ 顺序结构“更新 $t$ 和 $G$”，该部分根据前述规则，绘制子流程，如图 5.7 所示。

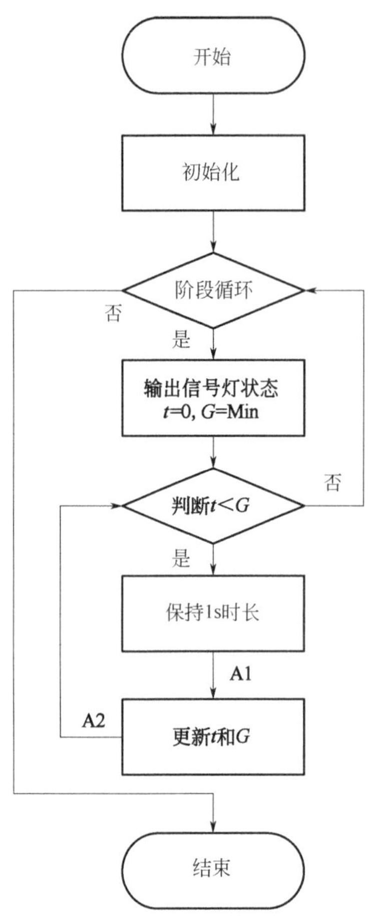


图 5.6　全感应控制流程

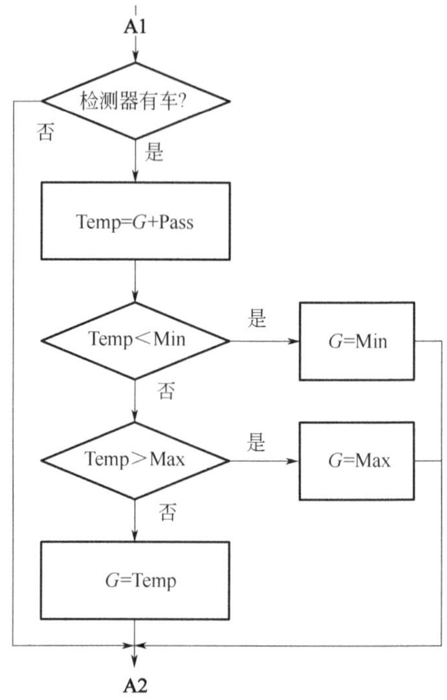


图 5.7　期望绿灯时间变量更新流程

根据上述主流程图和子流程图，实现全感应控制器的程序开发。

```
//******************************************
//省略变量定义的部分内容
for(i=0;i<N;i++)
{
    write_light_group(Lamp[i],M);
    int t=0, G=Min[i];
    while(t<G)
    {
      sleep(1);
      t=t+1;
      if(read_det_group(Det[i],P)==1)
      {
          int temp=G+Pass[i];
          if(temp>Min[i]&&temp<Max[i])
              G=temp;
```

```
            if(temp>Max[i])
                G=Max[i];
        }
    }
}//*******************************************
```

其中，用到了一个自定义函数 read_det_group，用来按照阶段读取检测器状态，其实现代码如下。

```
//*******************************************
int read_det_gourp(int det[MaxDet], int p)
{
    int i;
    for(i=0;i<p,i++)
    {
        if(det[i]==1)
            if(read_detector_button_state(i)==1)
                return 1;
    }
    return 0;
}//*******************************************
```

该函数中，使用了实验平台库函数 read_detector_button_state 进行检测器状态的读取。根据车辆算法原理及设计章节可以知道，实时采集的绿灯延时检测器状态不能准确体现单位时间间隔内是否有车辆通过，这就需要用到独立线程的检测器状态进行采集及处理。

## 5.4　半感应信号控制算法及设计

### 5.4.1　主路半感应控制程序设计

在平时，主路绿灯总是亮的，当检测器在一段时间内测不到主路上有车时，才换相位让次路通车；主路上测得有车到达时，相位转回。主路半感应控制流程如图 5.8 所示。

其中，变量 $t$、$G$ 的更新规则和全感应控制完全相同。因此根据主路半感应控制原理及流程图，编写控制程序如下。

```
//*******************************************
int t = 0;
int G = Min;
write_light_group(Lamp[0],GREEN,M);
while(t<G)
{
    if(read_det_group(Det[0],P)==1)
    {
```

```
        int temp=G+Pass;
        if(temp>Min&&temp<Max)
            G=temp;
        if(temp>Max)
            G=Max;
    }
    sleep(1);
   t++;
}
write_light_group (Lamp[1],GREEN,M);
sleep(Green);
//*******************************************
```

可以看到，主路半感应的两个阶段分别执行的是全感应控制逻辑和固定配时控制逻辑。

## 5.4.2 支路半感应控制程序设计

在平时，主路上总是绿灯，对次路预置最短绿灯时间。当次路测到有车辆到达时，改变相位，次路后继无车时，相位返回主路，否则到达最短绿灯时间时，强制改换相位。

这种感应控制实质上是次路优先，只要次路有车辆到达就会打断主路车流，主要用在消防车、重要机关出入口等。支路半感应控制流程如图 5.9 所示。

根据支路半感应控制原理及流程图，编写控制程序如下。

```
//*******************************************
t = 0;
G = Min;
write_light_group(Lamp[0],GREEN,M);
while(read_det_group(Det[1],P)==0)
{
    sleep(1);
}
while( t<G )
{
     if(read_det_group(Det[1],P)==1)
   {
    int temp=G+Pass;
    if(temp>Min&&temp<Max)
            G=temp;
    if(temp>Max)
        G=Max;
   }
  sleep(1);
  t++;
}//*******************************************
```

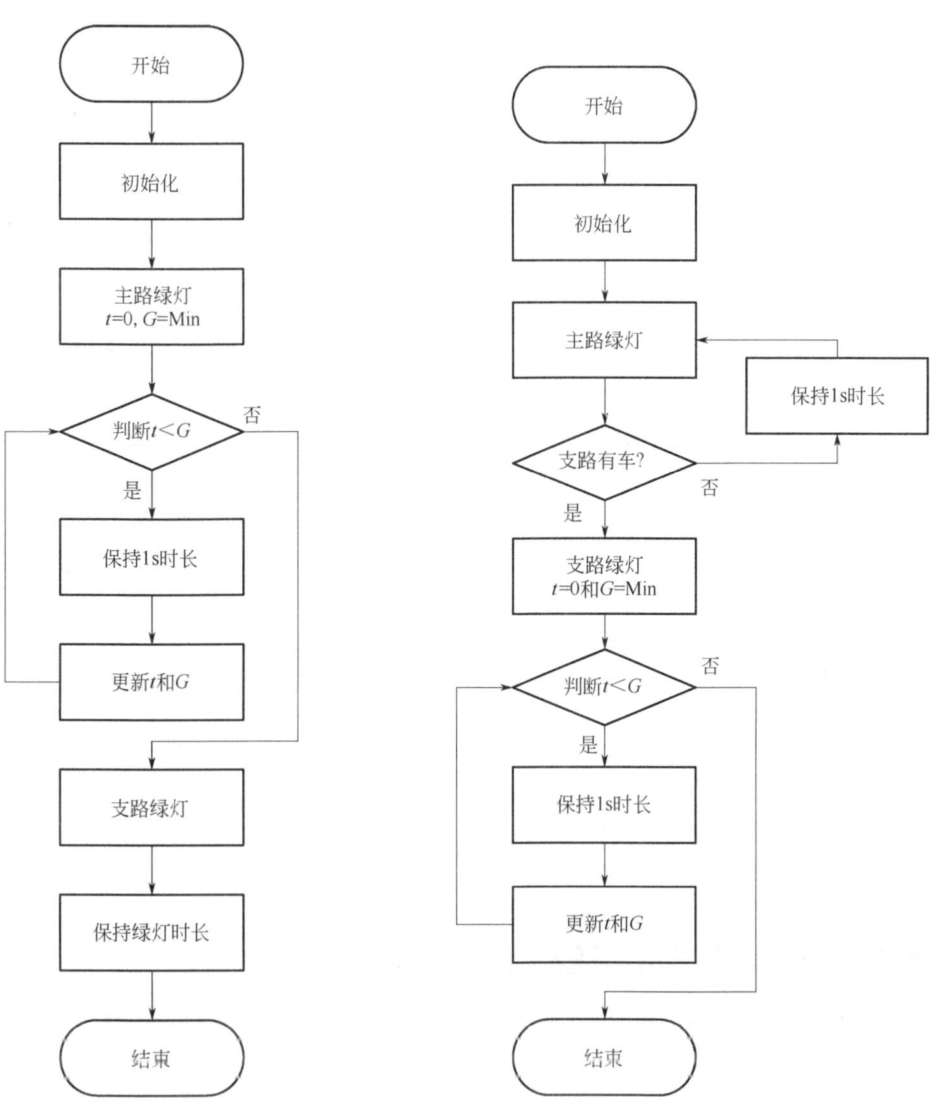


图 5.8　主路半感应控制流程

图 5.9　支路半感应控制流程

# 第6章 信号控制系统数据库设计

## 6.1 数据库系统概述

### 6.1.1 什么是数据库系统

数据库系统（Database System），是由数据库及其管理软件组成的系统。数据库系统是为适应数据处理的需要而发展起来的一种较为理想的数据处理系统，也是一个为实际可运行的存储、维护和应用系统提供数据的软件系统，是存储介质、处理对象和管理系统的集合体，如图 6.1 所示。

数据库系统相关的概念还包括以下内容。

- 数据库（DB）：Database。
- 数据库管理系统（DBMS）：Database Management System。
- 数据库应用（DBAP）：Database Application。
- 数据库管理员（DBA）：Database Administrator。

数据库系统的主要功能如下。

#### （1）数据库定义

定义数据库中 Table 的名称、标题（属性名称、属性值要求）等。

① DBMS 提供一套数据定义语言（Data Definition Language，DDL）。

② 用户使用 DDL 描述其所要建立表的格式。

③ DBMS 依照用户的定义，创建数据库及其中的 Table。

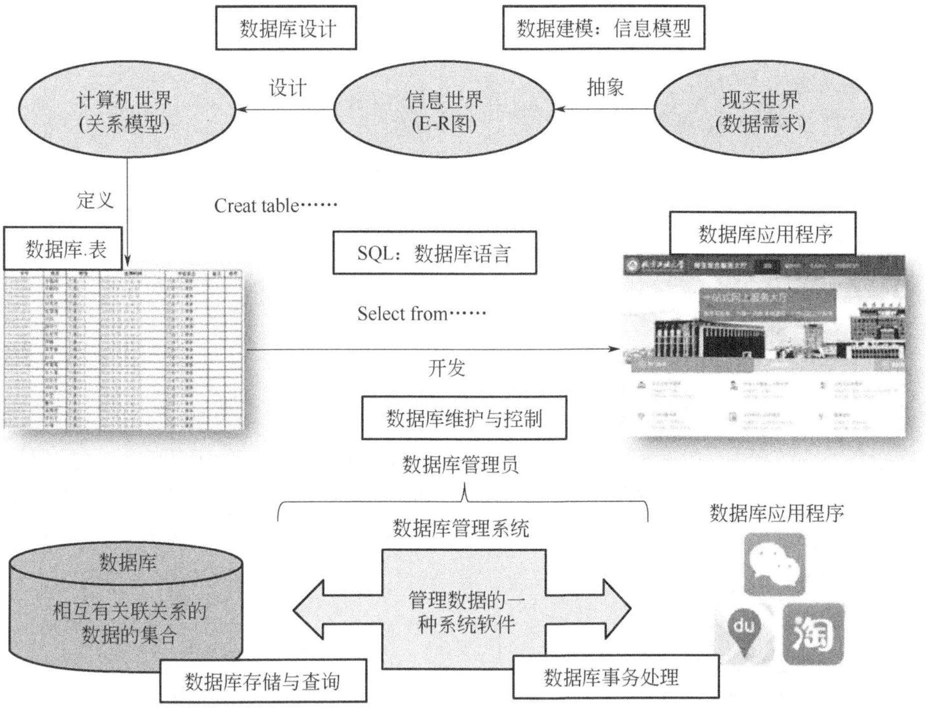

图 6.1　数据库系统示意

### （2）数据库操作

向数据库的 Table 中增加/删除/更新数据及对数据进行查询、检索、统计等。
① DBMS 提供一套数据操作语言（Data Manipulation Language，DML）。
② 用户使用 DML 描述其所要进行的增、删、改、查等操作。
③ DBMS 依照用户的操作描述，实际执行这些操作。

### （3）数据库控制

控制数据库中数据的使用，即哪些用户可以使用哪些数据等控制。
① DBMS 提供一套数据控制语言（Data Control Language，DCL）。
② 用户使用 DCL 描述其所对数据库要实施的控制。
③ DBMS 依照用户的描述，实际进行控制。

### （4）数据库维护

转储/恢复/重组/性能监测/分析……
① DBMS 提供一系列程序（实用程序/例行程序）给用户。
② 在这些程序中提供了对数据库维护的各种功能。
③ 用户使用这些程序进行各种数据库维护操作。

对应地，产生了数据库语言，即使用者通过数据库语言利用 DBMS 操作数据库。而 SQL 语言是一种结构化数据库语言。数据库语言又可以分为：

- 数据定义语言（DDL）；
- 数据操纵语言（DML）；
- 数据控制语言（DCL）；
- 数据库各种操作执行。

## 6.1.2 关系数据模型

数据模型用到了下面两个基本的定义。

① 模式（Schema）：对数据库中数据所进行的一种结构性描述，是所观察到数据的结构信息。

② 视图（View）/数据（Data）：是某一种表现形式下表现出来的数据库中的数据。

数据模型是规定模式统一描述方式的模型，包括数据结构、操作和约束，数据模型是对模式本身结构的抽象。以关系数据模型为例，如图 6.2 所示，关系模型所有模式都可抽象为 Table 的形式（数据结构），每一个具体的模式都是拥有不同列名的具体的表，以及对这种表形式的数据有哪些“操作”和“约束”。

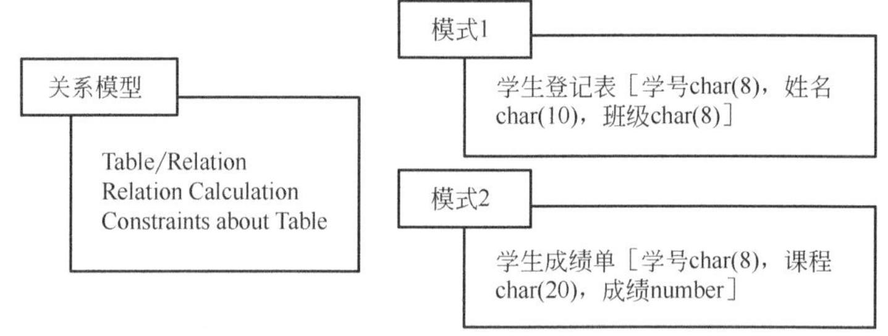


图 6.2　关系数据模型案例

常见的数据模型包括关系模型、层次模型和网状模型。其中，关系模型是用表的形式组织数据；层次模型是用树的形式组织数据；网状模型是用图的形式组织数据。本书主要使用关系模型进行介绍。

关系模型是由 E. F. Codd 在 1970 年提出的，是从表（Table）及表的处理方式中抽象出来，是在对传统表及其操作进行数学化严格定义基础上，引入集合理论与逻辑学理论后所提出的。关系模型是数据库三大经典数据模型之一，也是大多数商业化数据库系统使用的数据模型。标准的数据库语言（SQL 语言）是建立在关系模型基础之上的，数据库领域的众多理论也是建立在关系模型基础之上的。

在关系模型中，一个关系（Relation）就是一个表（Table）。关系模型是用来处理 Table 的，它由以下三部分组成。

① 描述 DB 各种数据的基本结构形式（Table/Relation）。

② 描述 Table 与 Table 之间所可能发生的各种操作（关系运算）。

③ 描述这些操作应遵循的约束条件（完整性约束）。

关系模型的三要素如下。

① 基本结构：Relation/Table。

② 操作：Relation Operator。

- 基本操作：∪并（Union）、−差（Difference）、×广义积（Product）、σ选择（Selection）、π投影（Projection）。
- 扩展操作：∩交（Intersection）、⋈ 连接（Join）、÷除（Division）。

③ 完整性约束。

- 实体完整性。
- 参照完整性。
- 用户自定义完整性。

关系模型的运算包括关系代数和关系演算，其中关系演算又包括元组演算和域演算两类。

## 6.1.3　数据库设计步骤

数据库设计（Database Design）是指对于一个给定的应用环境，构造最优的数据库模式，建立数据库及其应用系统，使之能够有效地存储数据，满足各种用户的应用需求（信息要求和处理要求）。数据库设计的设计内容包括需求分析、概念数据库设计、逻辑数据库设计、物理数据库设计等，如图 6.3 所示。

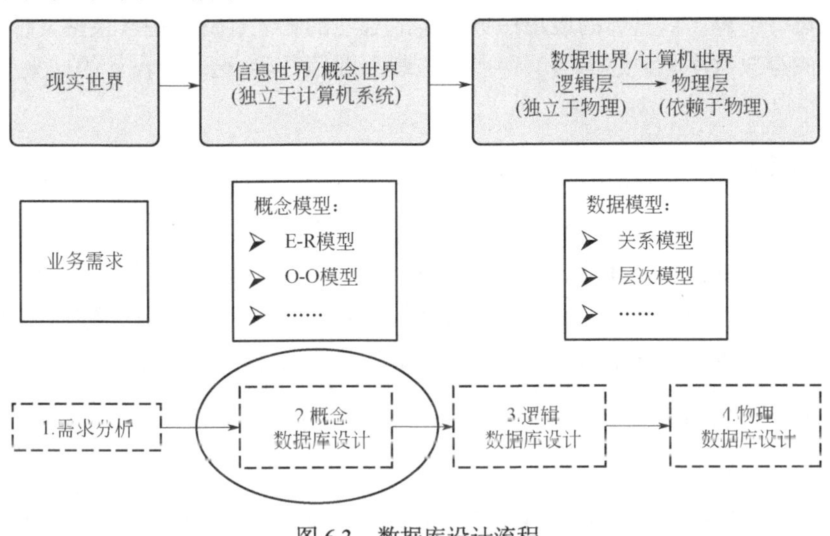


图 6.3　数据库设计流程

### （1）需求分析

调查和分析用户的业务活动及数据的使用情况，弄清所用数据的种类、范围、数量以及它们在业务活动中交流的情况，确定用户对数据库系统的使用要求和各种约束条件等，形成用户需求规约。

需求分析是在用户调查的基础上，通过分析，逐步明确用户对系统的需求，包括数据需求和围绕这些数据的业务处理需求。在需求分析中，通过自顶向下、逐步分解的方法分析系统，分析的结果可以采用数据流程图（DFD）进行图形化的描述。

### （2）概念数据库设计

对用户要求描述的现实世界（可能是一个工厂、一个商场或者一个学校等），通过对其

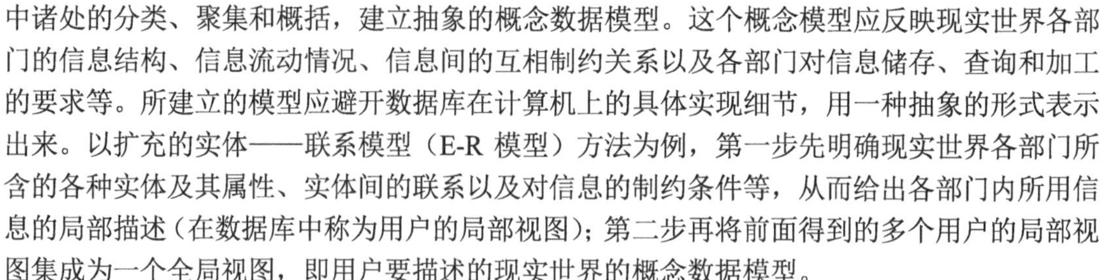

中诸处的分类、聚集和概括，建立抽象的概念数据模型。这个概念模型应反映现实世界各部门的信息结构、信息流动情况、信息间的互相制约关系以及各部门对信息储存、查询和加工的要求等。所建立的模型应避开数据库在计算机上的具体实现细节，用一种抽象的形式表示出来。以扩充的实体——联系模型（E-R 模型）方法为例，第一步先明确现实世界各部门所含的各种实体及其属性、实体间的联系以及对信息的制约条件等，从而给出各部门内所用信息的局部描述（在数据库中称为用户的局部视图）；第二步再将前面得到的多个用户的局部视图集成为一个全局视图，即用户要描述的现实世界的概念数据模型。

**（3）逻辑数据库设计**

主要工作是将现实世界的概念数据模型设计成数据库的一种逻辑模式，即适应于某种特定数据库管理系统所支持的逻辑数据模式。与此同时，可能还需为各种数据处理应用领域产生相应的逻辑子模式。这一步设计的结果就是所谓“逻辑数据库”。

**（4）物理数据库设计**

根据特定数据库管理系统所提供的多种存储结构和存取方法等依赖于具体计算机结构的各项物理设计措施，对具体的应用任务选定最合适的物理存储结构（包括文件类型、索引结构和数据的存放次序与位逻辑等）、存取方法和存取路径等。这一步设计的结果就是所谓“物理数据库”。

**（5）数据库验证**

在上述设计的基础上，收集数据并具体建立一个数据库，运行一些典型的应用任务来验证数据库设计的正确性和合理性。一般情况下，一个大型数据库的设计过程往往需要经过多次循环反复。当设计的某步发现问题时，可能就需要返回到前面去进行修改。因此，在做上述数据库设计时就应考虑到今后修改设计的可能性和方便性。

**（6）数据库运行维护**

在数据库系统正式投入运行的过程中，必须不断地对其进行调整与修改。

至今，数据库设计的很多工作仍需要人工来做，除了关系型数据库已有一套较完整的数据范式理论可用来部分地指导数据库设计之外，尚缺乏一套完善的数据库设计理论、方法和工具，以实现数据库设计的自动化或交互式的半自动化设计。所以数据库设计今后的发展方向是研究数据库设计理论，寻求能够更有效表达语义关系的数据模型，为各阶段的设计提供自动或半自动的设计工具和集成化的开发环境，使数据库的设计更加工程化、更加规范化和更加方便易行，使得在数据库的设计中充分体现软件工程的先进思想和方法。

在数据库的设计过程中，需要设计人员注意以下几个方面的问题。

**（1）明确用户需求**

作为计算机软件开发的重要基础，数据库设计直接体现了用户的需求，因此设计师在设计数据库时一定要与用户密切沟通，紧密结合用户需求。明确用户开发需求后，设计师还需将具体的业务体现出其关联与流程。为便于后期业务拓展，设计环节应充分考虑到拓展性，适当预留变通字段。

**（2）重视数据维护**

过大的设计面积与过于复杂的数据是数据库设计中的常见问题，因此设计师应对数据维护工作加以重视。为提升数据库的设计效率，设计师还应关注数据与实体之间的联系，以分散与之相关的数据信息，促进设计效率的提升。

**（3）增加命名规范性**

数据库程序与文件的命名非常重要，既要避免名称重复，还要保证数据处于平衡状态，即每个数据的关键词都应处于相对应的关系。对此，设计师在命名时应明了数据库程序与文件之间的关系，灵活运用大小写字母来对其进行命名，降低用户查找信息与资源时的复杂度与困难度。

**（4）充分考虑数据库优化与效率的问题**

考虑到数据库的优化与效率，设计师需针对不同表的存储数据采用不同的设计方式，如采用粗粒度的方式设计数据量较大的表。为使表查询功能更加简便快捷，可建立有效的索引。在设计中还应使用最少的表和最弱的关系来实现海量数据的存储。

**（5）不断调整数据之间的关系**

针对数据之间的关系进行不断调整与精简可有效减少设计与数据之间的连接，进而可为数据之间平衡状态的维持以及数据读取效率的提升提供保障。

**（6）合理使用索引**

数据库索引通常分为有簇索引和非簇索引，这两种索引均可提升数据查找效率的方式。尽管数据索引效率得到提升，但索引的应用往往又会带来插入、更新等性能减弱的问题。数据库性能衰弱现象往往会在填充较大因子数据时表现较为突出，因此在对索引较大的表执行插入、更新等操作时应尽量填写较小因子，以便为数据页留存空间。

本章后续内容以控制方案和时间表/调度表两个业务对象为例，讲解城市交通信号控制器的设计和实现过程。本书数据库设计部分仅专注于前三步骤，即需求分析、概念设计和逻辑设计，而物理数据库设计、数据库验证以及运行维护可参考数据库系统或数据库设计相关的专业书籍。

## 6.1.4　概念数据库设计

概念数据库设计也称为概念结构设计，其最常用的设计方法是 E-R 模型（Entity-Relationship Model）。E-R 模型是 1976 年由 P.P.S.Chen 所提出的，用来描述数据库概念模型。在 E-R 模型中，世界是由一组称为实体的基本对象和这些对象之间的联系构成的。

E-R 模型包括一些基本概念，如实体、属性、关键字、联系等。

**（1）实体**

客观存在并可互相区分的事物。

### （2）属性

实体所具有的某一方面的特征；属性又可以进一步分为以下几种。

① 单一属性和复合属性。复合属性例如，家庭住址：省，市，街道……在关系模型中，复合属性要转化为单一属性（关系第一范式）。

② 单值属性和多值属性。多值属性例如，一个人可以有多个电话号码，同样，在关系模型中，多值属性要转化为单一属性（关系第一范式）。

③ 可空值属性和非可空值属性。每个实例的该属性值是否可以为空值。

④ 导出属性等。例如“出生日期”可以导出“年龄”。

### （3）关键字

能够用其值唯一区分开每一实例的属性或属性组合。

### （4）联系

指一个实体的实例与另一个实体的实例之间的联系。联系根据对应关系的不同又可分为以下几种。

① 一对一联系（1∶1）。实体A的实例只能和实体B的一个实例发生联系；反之亦然。例：一个“经理”只能管理一个“商店”，一个“商店”也只能有一个“经理”。

② 一对多联系（1∶$m$或$m$∶1）。实体A的实例能和实体B的多个实例发生联系，实体B的一个实体只能和实体A的一个实例发生联系。例：一个“画家”能绘制多幅作品，一幅“作品”只能由一个“画家”完成。

③ 多对多联系（$m$∶$n$）。实体A的实例能和实体B的多个实例发生联系；反之亦然。例：一位“同学”能够选学多门“课程”，一门“课程”也能够被多名“同学”选择。

此外，联系根据实体是否完全参与可分为完全参与联系和部分参与联系。

① 完全参与联系，即该端实例至少有一个参与联系中。例：一个“书架”可以存放0或者多本“图书”，“书架”参与“存放图书”联系的基数为（0…$m$）。

② 部分参与联系，即该端实例可以不参与联系。例：一本“图书”只能存放在一个书架上，“图书”参与此联系的基础为（1…1）。

下面使用Chen方法，介绍概念数据库设计的主要步骤。在此以某工厂管理业务为例，已知该工程的管理需求包括下面几个方面。

① 管理零件。

a. 管理零件的来源：哪些零件来自哪些供应商？

b. 管理零件的去向：哪个零件供应给了哪个项目使用？

② 管理仓库：哪个零件存放在哪个仓库中？

③ 管理职工：哪个职工管理哪个仓库？

使用Chen方法进行概念数据库设计。

**步骤1**：理解业务需求，确定实体。

在上述工厂管理的需求中，涉及包括零件、仓库、职工、供应商和项目共5个实体，使用矩形框表示实体，得到第一步E-R图，如图6.4所示。

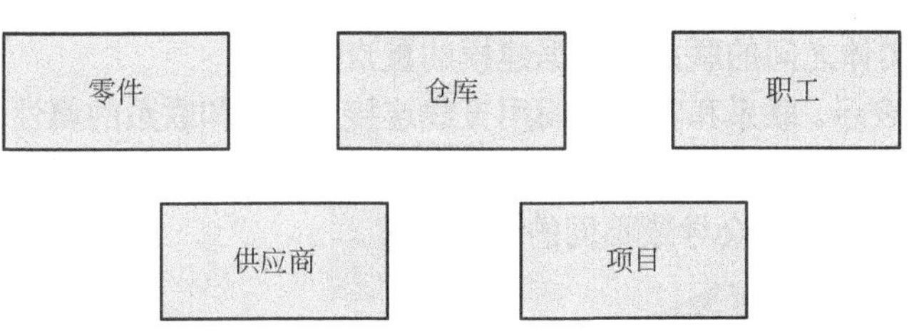


图 6.4　概念数据库设计步骤 1

**步骤 2**：用属性刻画每个实体。

使用椭圆表示实体的属性，其中多值属性用双线椭圆表示，导出属性用虚线椭圆表示，实体和属性之间用直线连接，如图 6.5 所示。

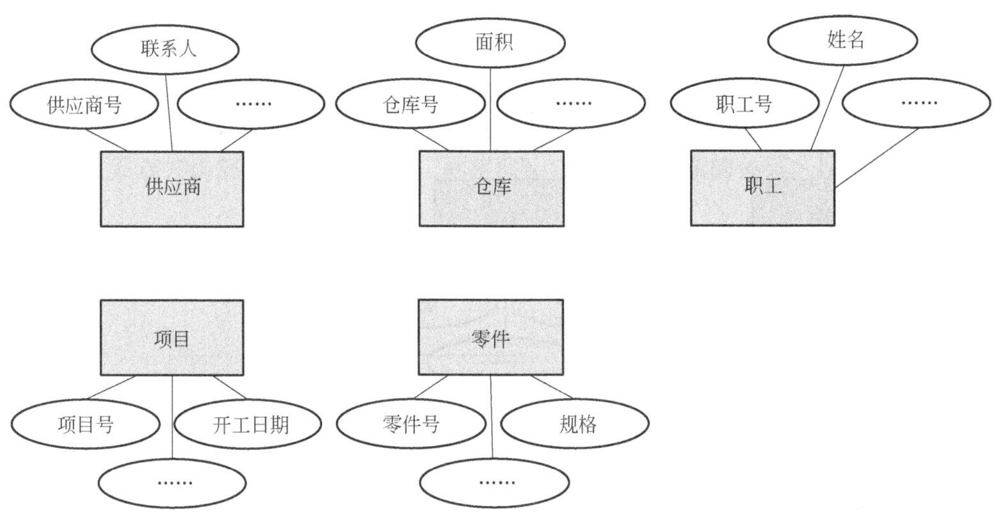


图 6.5　概念数据库设计步骤 2

**步骤 3**：确定每个实体的关键字。

实体属性的关键字用下划线表示，如图 6.6 所示。

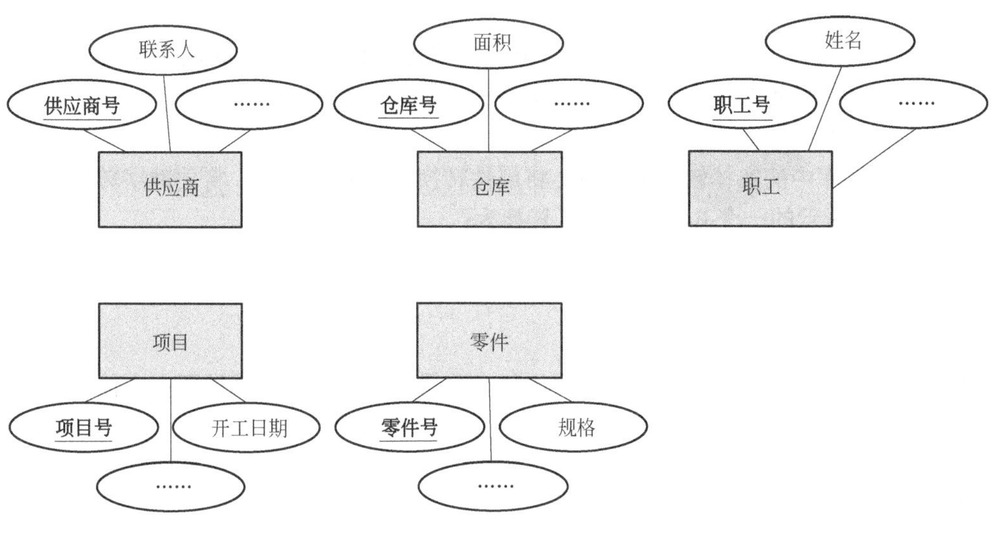


图 6.6　概念数据库设计步骤 3

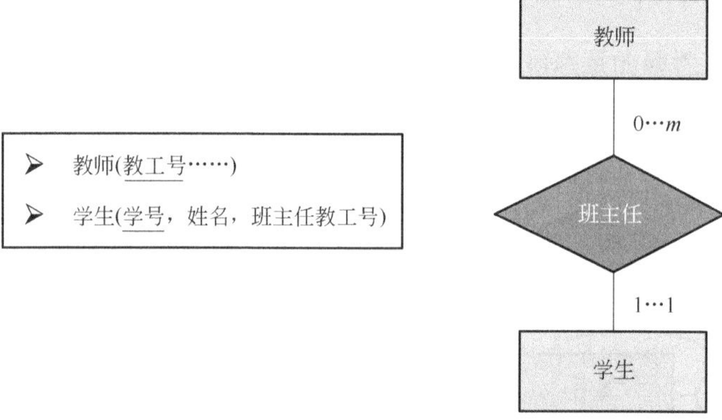


图 6.11　逻辑数据库设计步骤 2（1∶m）

### （3）多对多联系的转换

将联系定义为新的关系，属性为参与双方实体的关键字（图 6.12）。

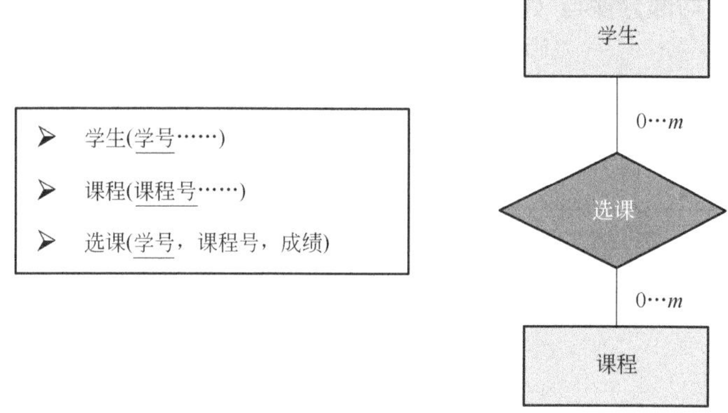


图 6.12　逻辑数据库设计步骤 2（n∶m）

**步骤 3**：泛化与具体化实体转换。

高层实体（泛化）和底层实体（具体化）分别转为不同的关系，底层实体所对应的关系包括高层实体的关键字（图 6.13）。

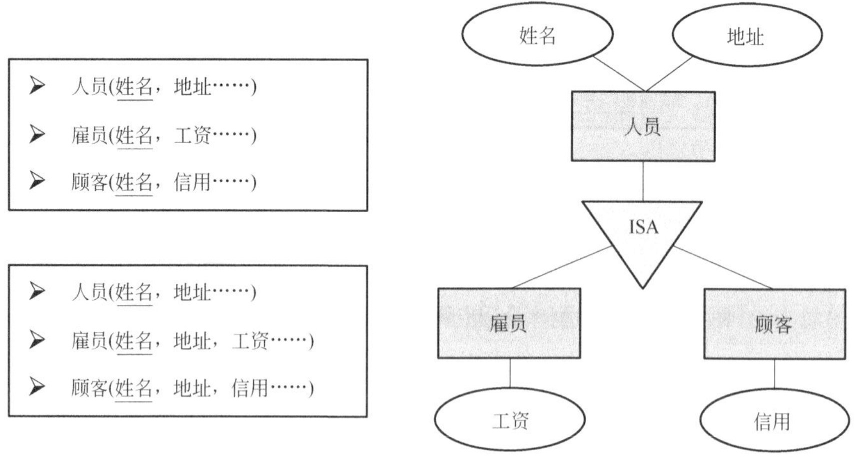


图 6.13　逻辑数据库设计步骤 3

**步骤 4：**逻辑检查。

逻辑检查主要包括冗余检查和业务检查两部分。

### （1）冗余检查

首先检查实体，1 对 1 关系的实体中有没有非外键的重复属性，或者就是同一个实体；其次检查关系，有没有通过其他关系也可以得到的重复属性；某些情况下，需要考虑时间维度，因为有些属性是有时效性的，也就是虽然是同一个属性，但不同的时间表示的却是不同的内容，这一点在后面的逻辑结构设计中会提到，这并不是真正的冗余。

### （2）业务检查

检查当前的实体-联系模型是否满足当前业务的场景。可以从某个实体开始，沿着当前 E-R 模型的各个节点去模拟业务场景。

# 6.2　控制方案数据库设计

信号控制器中常用的两种控制方案为固定配时控制方案和感应控制方案。不同类型的控制方案需要不同的配时参数，同一个控制方案也由不同的阶段按照一定的顺序组成。同时不同的方案与信号灯、倒计时器、检测器这些输入输出设备的对应关系也不尽相同。因此进行控制方案数据库的设计，首先需要整理清楚具体信号控制业务之间的逻辑关系。

## 6.2.1　需求分析

控制方案数据库主要涉及以下几个方面的功能。

### （1）管理固定配时控制方案

① 一共多少个固定配时方案。
② 方案中包含几个阶段。
③ 方案中阶段的先后顺序是什么。
④ 方案中某一个特定的阶段其配时参数有哪些。

### （2）管理感应控制方案

① 一共多少个感应控制方案。
② 方案中包含几个阶段。
③ 方案中阶段的先后顺序是什么。
④ 方案中某一个特定的阶段其配时参数有哪些。

### （3）管理阶段

① 一共有多少个阶段组合形式。
② 每个阶段如何命名和区分。
③ 每个阶段对应哪些信号灯。

④ 每个阶段对应哪些检测器。

**（4）管理相位**

① 一共多少个相位。
② 每个相位对应哪些信号灯。
③ 每个相位对应哪些检测器。

**（5）管理信号灯**

① 一共有多少个信号灯。
② 信号灯属于哪些相位。

**（6）管理检测器**

① 一共有多少个检测器。
② 检测器属于哪些相位。

**（7）车道**

① 一共有多少个车道。
② 每个车道对应哪些检测器。

**（8）道路**

① 一共有多少条道路。
② 每条道路对应哪些车道。

### 6.2.2 概念数据库设计

根据对控制方案数据库业务的需求分析，按照概念数据库设计步骤进行设计，这里使用 Chen 方法进行。

**步骤 1：** 确定实体。

根据需求分析，控制系统的实体包括固定配时方案、感应控制方案、阶段、相位、灯组、检测器、车道、道路等，如图 6.14 所示。

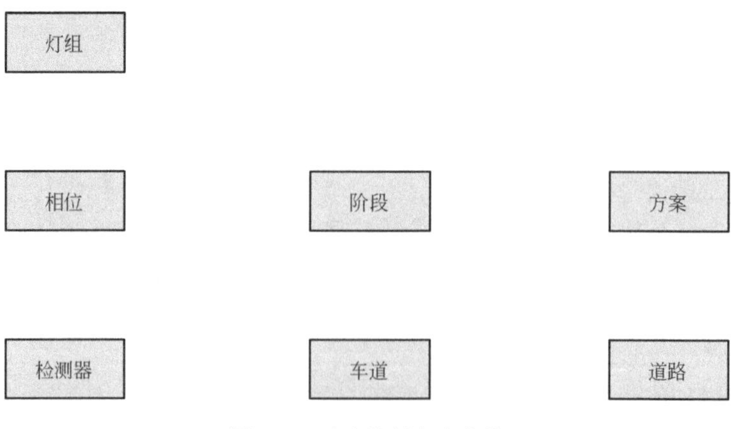


图 6.14 确定控制方案实体

**步骤 2：** 用属性刻画每个实体。

**步骤 3：** 确定每个实体的关键字。

根据需求分析，用属性刻画每个实体，并确定每个实体的关键字，如图 6.15 所示。

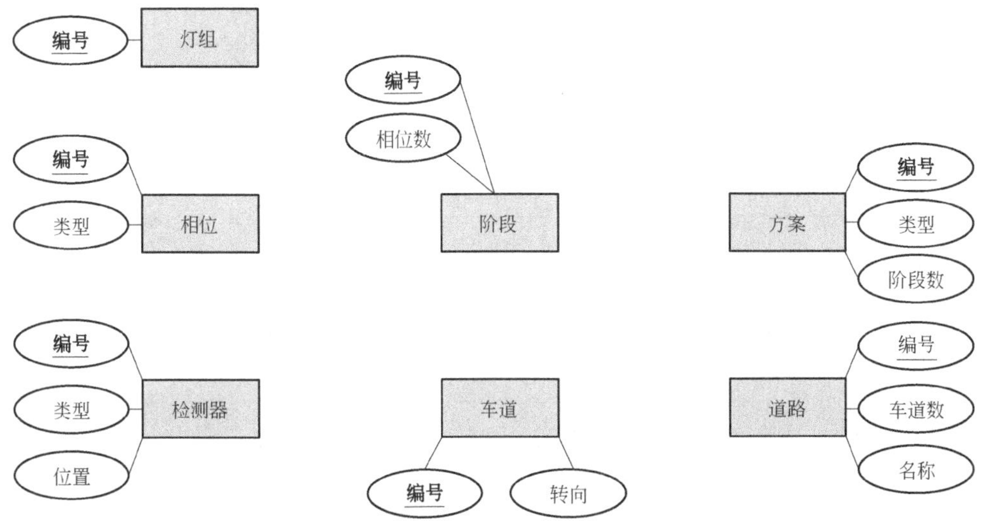


图 6.15　用属性刻画控制方案实体并确定关键字

**步骤 4：** 分析实体之间的联系。

根据需求分析，控制方案相关数据至少包含以下几个联系。

① 方案与阶段的包含联系，是多对多的联系。

② 阶段与相位的包含联系，是多对多的联系。

③ 信号灯与相位的属于联系，是一对多的联系。

④ 检测器与相位的属于联系，是一对多的联系。

⑤ 检测器与车道的属于联系，是一对多的联系。

⑥ 车道与道路的属于联系，是一对多的联系。

其中，部分联系还包含属性，需要进一步刻画，如图 6.16 所示。

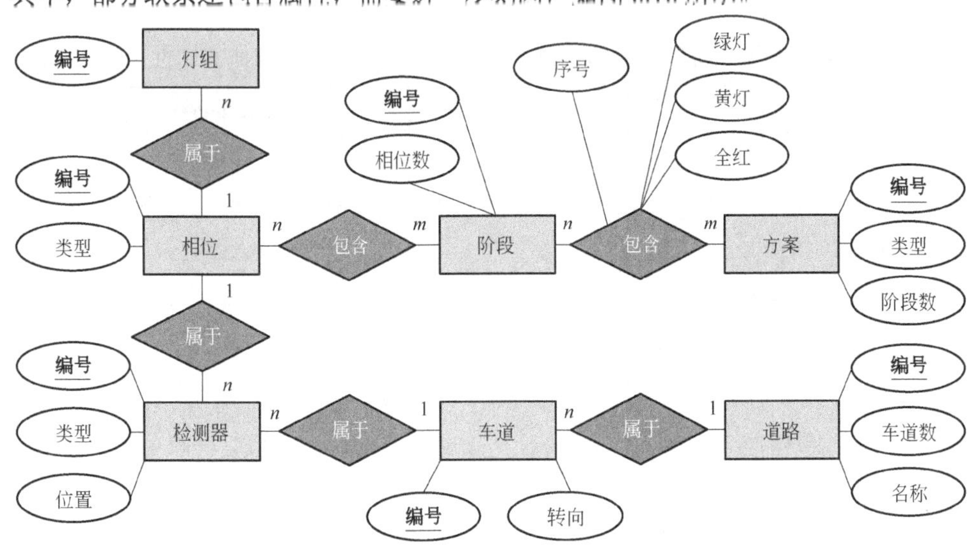


图 6.16　确定控制方案实体之间的联系

如果考虑固定配时方案和感应控制方案的泛化与具体化关系，也可以将图6.16修改为图6.17。

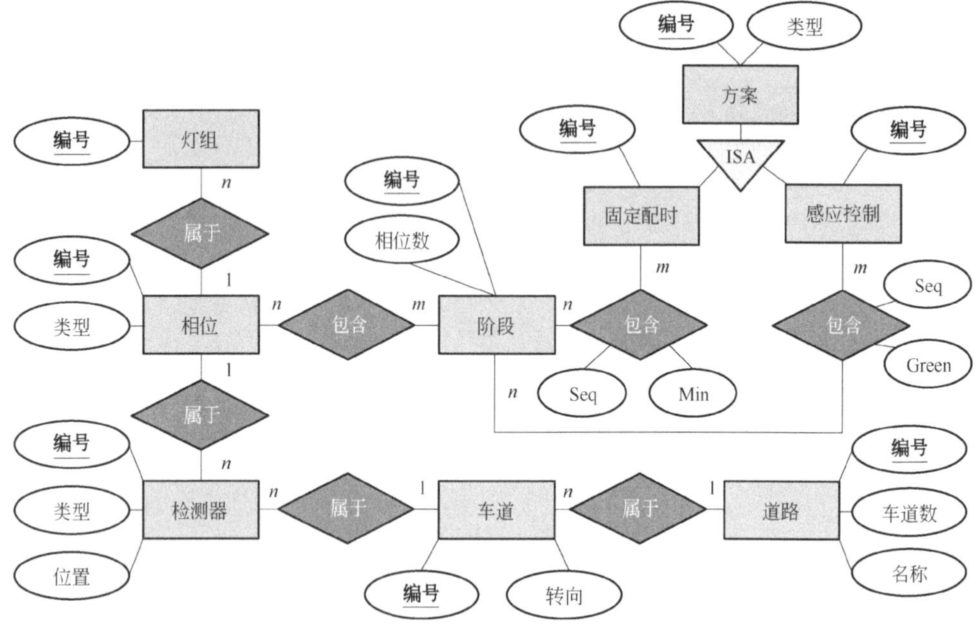


图6.17　确定控制方案实体之间的联系（泛化）

**步骤5：** 逻辑检查。

最后，进行E-R图的需求完整性检查以及语法规范性检查，即完成控制方案相关数据部分的概念数据库设计。

## 6.2.3　逻辑数据库设计

根据概念数据库设计的结果，按照逻辑数据库设计流程进行控制方案的逻辑数据库设计。

**步骤1：** 实体、属性、关键字转换。

将E-R图中9个实体及其属性和关键字进行转换，得到图6.18。

**步骤2：** 联系转换。

E-R图中一对多联系，将单方参与实体的关键字作为多方参与实体的属性，如图6.19所示。

- 检测器(编号……)
- 车道(编号……)
- 道路(编号……)
- 灯组(编号……)
- 相位(编号……)
- 阶段(编号……)
- 方案(编号……)
- 固定方案(编号……)
- 感应方案(编号……)

图6.18　控制方案实体、属性、关键字转换

- 检测器(编号，**相位号，车道号**……)
- 车道(编号，**道路号**……)
- 道路(编号……)
- 灯组(编号，**相位号**……)
- 相位(编号……)
- 阶段(编号……)
- 方案(编号……)
- 固定方案(编号……)
- 感应方案(编号……)

图6.19　控制方案一对多联系转换

E-R 图中多对多联系，将联系定义为新的关系，属性为参与双方实体的关键字，如图 6.20 所示。

- 相位阶段(<u>**相位号**</u>，<u>**阶段号**</u>)
- 固定阶段(<u>**方案号**</u>，阶段号，<u>**Seq**</u>, G, Y, R)
- 感应阶段(<u>**方案号**</u>，阶段号，<u>**Seq**</u>, Min, Max, Pass, Y, R)

图 6.20　控制方案多对多联系转换

**步骤 3：**结合 MySQl 数据库进行数据表的设计。

① 检测器表（DetectorInfo）见表 6.1。

**表 6.1　检测器表**

| 字段名 | 类型 | 说明 | 取值范围 |
|---|---|---|---|
| <u>DetectorID</u> | int | 检测器编号（主键） | 正整数 |
| PhaseID | int | 检测器对应相位编号（外键） | 正整数 |
| LaneID | int | 检测器对应车道编号（外键） | 正整数 |
| DetectorType | varchar(20) | 检测器类型 | 线圈检测器或地磁检测器 |
| Location | double | 检测器距离停止线位置，单位为米 | 正实数，取小数点后 1 位 |

② 信号灯表（LampInfo）见表 6.2。

**表 6.2　信号灯表**

| 字段名 | 类型 | 说明 | 取值范围 |
|---|---|---|---|
| <u>LampID</u> | int | 灯组编号（主键） | 正整数 |
| PhaseID | int | 灯组对应相位编号（外键） | 正整数 |
| LampType | varchar(20) | 灯组类型 | 圆灯/箭头灯/非机动车灯/行人等 |

③ 相位表（PhaseInfo）见表 6.3。

**表 6.3　相位表**

| 字段名 | 类型 | 说明 | 取值范围 |
|---|---|---|---|
| <u>PhaseID</u> | int | 相位编号（主键） | 正整数 |
| PhaseType | varchar(20) | 相位类型 | 机动车相位/非机动车相位/行人相位 |

④ 阶段表（StageInfo）见表 6.4。

**表 6.4　阶段表**

| 字段名 | 类型 | 说明 | 取值范围 |
|---|---|---|---|
| <u>StageID</u> | int | 阶段编号（主键） | 正整数 |
| PhaseNum | int | 该阶段包含几个相位 | 非负整数 |

⑤ 阶段相位联系表（StagePhaseRelation）见表 6.5。

**表 6.5　阶段相位联系表**

| 字段名 | 类型 | 说明 | 取值范围 |
| --- | --- | --- | --- |
| StageID | int | 阶段编号（主键、外键） | 正整数 |
| PhaseID | int | 相位编号（主键、外键） | 正整数 |

⑥ 固定配时方案表（FixPlanInfo）见表 6.6。

**表 6.6　固定配时方案表**

| 字段名 | 类型 | 说明 | 取值范围 |
| --- | --- | --- | --- |
| FixPlanID | int | 方案编号（主键） | 正整数 |
| StageNum | int | 方案包含阶段的数量 | 正整数 |
| Cycle | Int | 方案周期 | 正整数 |
| Description | varchar(100) | 方案用途说明 | 字符串 |

⑦ 方案阶段联系表（FixPlanStageRelation）见表 6.7。

**表 6.7　方案阶段联系表**

| 字段名 | 类型 | 说明 | 取值范围 |
| --- | --- | --- | --- |
| PlanID | int | 方案编号（主键、外键） | 正整数 |
| StageSeq | int | 阶段顺序（主键） | 正整数 |
| StageID | int | 阶段编号（外键） | 正整数 |
| Green | int | 绿灯时长 | 正整数 |
| Yellow | int | 黄灯时长 | 正整数 |
| Red | int | 全红时长 | 正整数 |

## 6.3　控制方案程序设计

相对于第 4 章和第 5 章的内容，基于数据库的控制器设计及开发，其主要区别在于配时方案获取的途径不同，并不涉及后续方案执行的差异。因此需要调整的内容仅限于如何使用 C 语言查询数据库以及查询到的数据如何处理两部分的内容。

### 6.3.1　控制器主流程设计

通过键盘录入固定配时方案参数，进而执行固定配时方案的流程，如图 6.21 所示。

现将初始化分为“数据库连接和查询”以及“数据解析赋值”两部分，如图 6.22 所示。其中数据库连接和查询用于建立数据库连接、执行查询指令并处理各类数据库交互过程及其异常情况；数据解析和赋值用于将查询到的配时方案数据按照已定义的数据结构进行解析并输出给对应的变量进行存储。

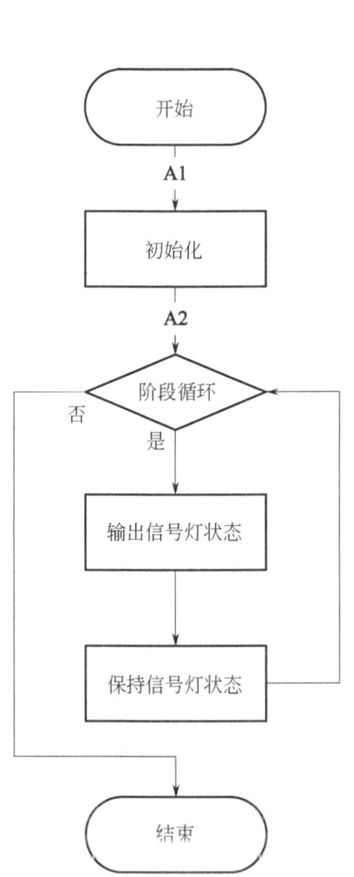


图 6.21　键盘录入控制方案

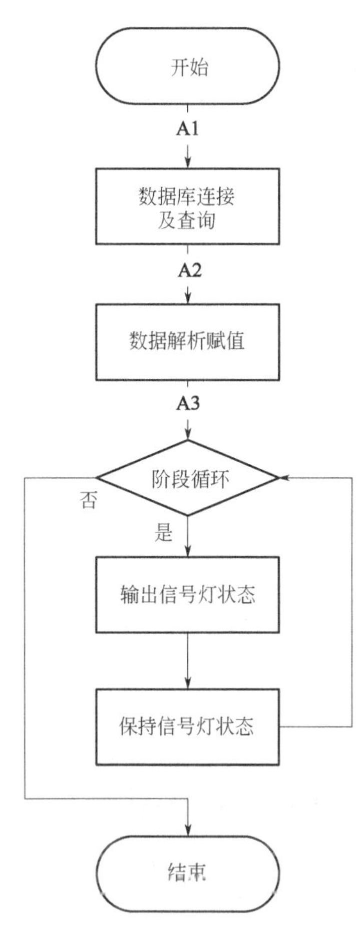


图 6.22　数据库查询控制方案

## 6.3.2　数据库连接和查询流程设计

数据库连接和查询用于建立数据库连接、执行查询指令并处理各类数据库交互过程及其异常情况。主要包括数据库初始化、数据库连接、数据查询三个步骤，如图 6.23 所示。

## 6.3.3　数据解析和输出流程设计

数据解析和输出用于将查询到的配时方案数据按照已定义的数据结构进行解析并赋值给对应的变量进行存储，如图 6.24 所示。根据需要查询的数据不同、控制程序中定义的数据结构不同，该部分的流程图也有所差异。

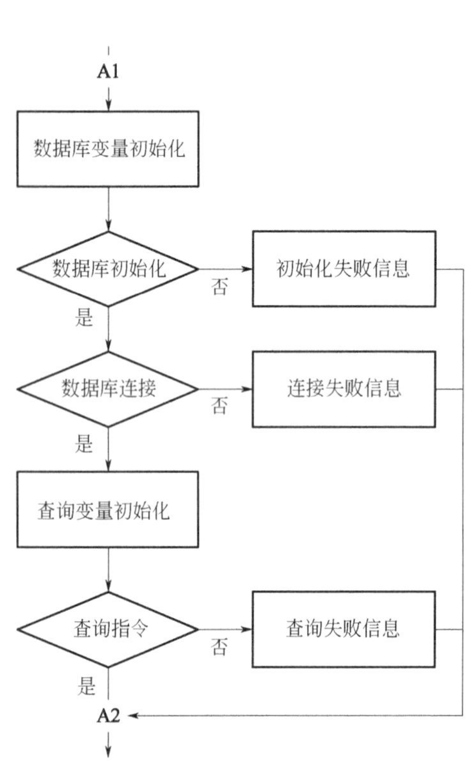


图 6.23　数据库连接和查询流程

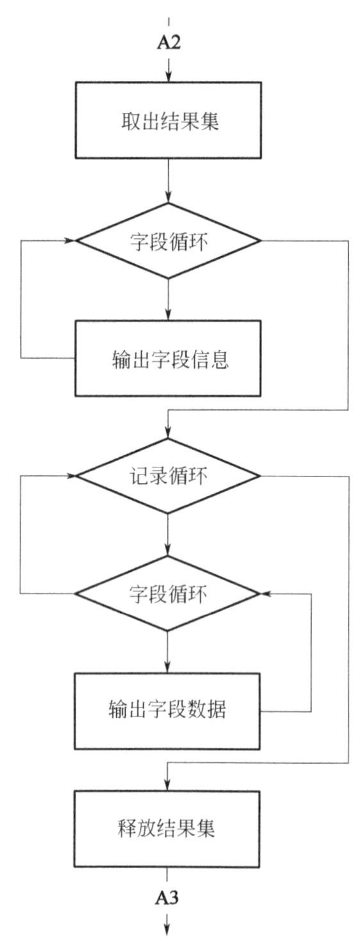


图 6.24　数据解析和输出流程

数据库连接查询及数据解析对应的 C 程序代码如下。

```
//****************************************
//数据库初始化及连接
MYSQL   mysql;
const char *hostname = "localhost";
const char *username = "admin";
const char *password = "111111";
const char *db_name = "tsc";
const unsigned int db_port = 3306;
//初始化数据库连接
if (NULL == mysql_init(&mysql))
{
    printf("mysql_init(): %s\n", mysql_error(&mysql));
    return -1;
}
```

```
    //连接数据库
    if (NULL == mysql_real_connect(&mysql, hostname, username, password, db_name,
db_port, NULL, 0))
    {
        printf("mysql_real_connect(): %s\n", mysql_error(&mysql));
        return -1;
    }
    printf("Connect MySQL successfully! \n");
    //执行查询语句
    MYSQL_RES       *res_ptr;               //结果集
    MYSQL_ROW       sqlrow;                 //一条结果
    MYSQL_FIELD *fields;                    //字段名
    char                sql[100];           //sql 语句
    sprintf(sql,"%s ","Select * FROM `FixPlanInfo`;") ;
    //查询结果处理
    if(mysql_query(&mysql, sql))
    {
        printf("MySQL Error: %s\n", mysql_error(&mysql));
        return -1;
    }
    else
    {
        res_ptr = mysql_store_result(&mysql);   //取出结果集
        if(res_ptr)
        {
            int i, num_fields;
            fields = mysql_fetch_fields(res_ptr);
            num_fields = mysql_num_fields(res_ptr);
            //依次打印字段
            for(i=0; i<num_fields; i++)
        {
            printf("%s\t", fields[i].name);
        }
         printf("\n");
         while((sqlrow = mysql_fetch_row(res_ptr)))
         {   //依次取出记录
            for(i = 0; i < num_fields; i++)
            printf("%s\t", sqlrow[i]);  //打印记录
            printf("\n");
         }
```

```
        if (mysql_errno(&mysql))
        {
            printf("Retrive error: %s\n",mysql_error(&mysql));
        }
      }
     mysql_free_result(res_ptr); //释放结果集
   }
   //关闭数据库连接
   mysql_close(&mysql);
   //*******************************************
```

## 6.4 时间表/调度表控制器设计及实现

对于固定配时和感应控制而言，其具体的配时参数均是根据一定的交通需求进行计算得到的。也就是说，针对给定的交通需求或需求相差不大时，其控制效果较好。而城市道路交通却具有潮汐、时变、不确定性等特点，因此，根据不同时间交通需求的差异需要使用不同的信号控制方案，即选择控制类型以及控制参数。目前，常用的时间管理方案一般通过时间表和调度表进行实现。

### 6.4.1 需求分析

时间表是将一天 24h 划分为不同的时间段，同一时间段内交通需求变化较小，每个时段执行该时段内对应的信号控制方案。例如一种简单时间表可以定义为：

① 0～6 点，感应控制方案 201；
② 6～9 点，固定配时方案 101；
③ 9～17 点，感应控制方案 202；
④ 17～19 点，固定配时方案 102；
⑤ 19～24 点，感应控制方案 201。

不同时段内，根据其交通需求的特点，可以灵活选择适当的信号控制类型和配时参数，以起到信号控制效果优化的作用。

交通需求的变化不仅和每天不同的时段相关，不同日期、不同星期之间的交通需求也不尽相同。因此，在时间表的基础上出现了调度表，用于选择特定的某一天需要执行哪一个时间表中的控制方案。

一般来说，一周七天可以分为工作日（周一到周五）和休息日（周六、周日），工作日和休息日分别各指向一张时间表，进行方案管理。有些时候，由于周一和周五的交通需求也有一定的特异性，可以单独拆出来独立管理。另一方面，针对节假日、重大活动举办日的特殊管理需求，可以针对具体日期（阳历或农历均可）进行相应的时间表设计。正常情况下，星期类型的调度方案是优先级较低的，用于维持日常运行，覆盖所有日期；而日期类型的调度方案优先级较高，用于特殊交通需求的情况，其又可以分为一次性（重大活动）和永久（节假日）两类。

## 6.4.2　数据库设计

### （1）概念数据库设计

根据前述的需求分析，可以确定新增加的实体有两个，即时间表（时段管理策略）和调度表（日期管理策略）。时间表实体与控制方案实体产生了多对多的联系，而调度表实体与时间表实体产生了一对多的联系。按照概念数据库设计的基本步骤，得到该部分E-R图，如图 6.25 所示。

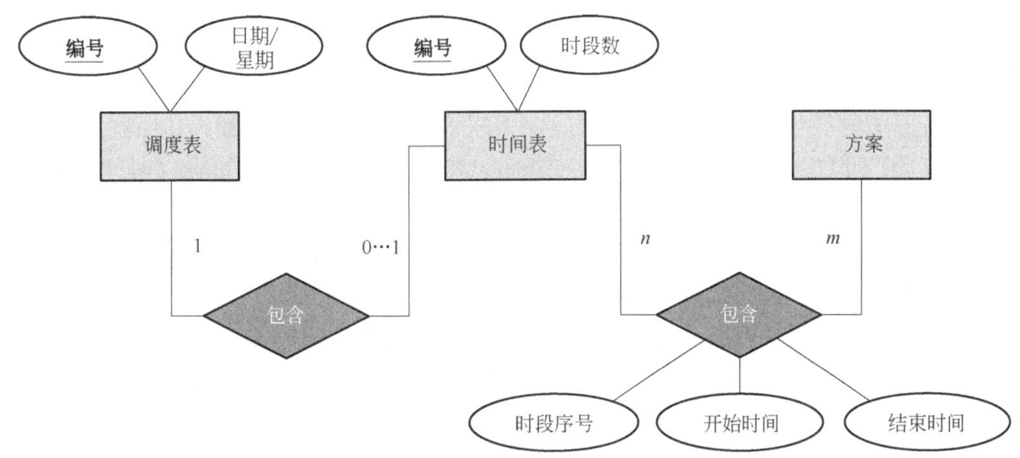


图 6.25　时间表/调度表 E-R 图

### （2）逻辑数据库设计

根据 E-R 图，按照逻辑数据库设计步骤，得到相关数据表结构，见表 6.8～表 6.10。

**表 6.8　调度表说明**

| 字段名 | 类型 | 说明 | 取值范围 |
|---|---|---|---|
| ScheduleID | int | 调度表编号（主键） | 正整数 |
| ScheduleType | int | 调度表类型<br>1：日期型<br>2：星期型 | 正整数 |
| Date | date | 执行该调度表的日期 | 年月日 |
| Week | int | 执行该调度表的星期 | 1, 2, …, 7 |
| TimetableID | int | 时间表编号（外键）正整数 | 正整数 |

**表 6.9　时间表说明**

| 字段名 | 类型 | 说明 | 取值范围 |
|---|---|---|---|
| TimetableID | int | 时间表编号（主键） | 正整数 |
| TimeslotNum | int | 该时间表包括几个时间段 | 正整数 |

表 6.10　时间方案联系表说明

| 字段名 | 类型 | 说明 | 取值范围 |
|---|---|---|---|
| TimetableID | int | 调度表编号（主键、外键） | 正整数 |
| TimeslotSeq | int | 时段序号（主键） | 正整数 |
| Starttime | time | 时段起始时间 | 时分秒 |
| Endtime | time | 时段结束时间 | 时分秒 |
| PlanID | int | 方案编号（外键） | 正整数 |

## 6.4.3　C 语言时间头文件

Time.h 是 C/C++中的日期和时间头文件，用于需要时间方面的函数。其中首先需要了解几个基本概念，即 UTC（世界标准时间）、Calendar Time（日历时间）、Epoch（时间点）、Clock Tick（时钟计时单元）。

Coordinated Universal Time（UTC）：协调世界时，又称为世界标准时间，也就是大家所熟知的格林尼治标准时间（Greenwich Mean Time，GMT）。

Calendar Time：日历时间，是用“从一个标准时间点到此时的时间经过的秒数”来表示的时间。这个标准时间点对不同的编译器来说会有所不同，但对一个编译系统来说，这个标准时间点是不变的，该编译系统中的时间对应的日历时间都通过该标准时间点来衡量，所以可以说日历时间是“相对时间”，但是无论在哪一个时区，在同一时刻对同一个标准时间点来说，日历时间都是一样的。

Epoch：时间点。时间点在标准 C/C++中是一个整数，它用此时的时间和标准时间点相差的秒数（即日历时间）来表示。

Clock Tick：时钟计时单元（而不把它称为时钟滴答次数），一个时钟计时单元的时间长短是由 CPU 控制的。一个 Clock Tick 不是 CPU 的一个时钟周期，而是 C/C++的一个基本计时单位。

### （1）时间数据结构

typedef long time_t：从 1970 年 1 月 1 日 0 时 0 分 0 秒到当前系统时间的秒数。

```
struct tm {
    int tm_sec;        /* 秒 - [0,59] */
    int tm_min;        /* 分 - [0,59] */
    int tm_hour;       /* 时 - [0,23] */
    int tm_mday;       /* 日期 - [1,31] */
    int tm_mon;        /* 月份 - [0,11] */
    int tm_year;       /* 年份,实际年份减 1900 */
    int tm_wday;       /* 星期 - [0,6],0 表示星期天*/
    int tm_yday;       /* 从每年 1 月 1 日开始的天数-取值区间[0,365],其中 0 代表 1 月 1 日 */
```

```
    int tm_isdst;     /* 夏令时标识符*/
};
```

**（2）时间/日期的获取**

如图 6.26 所示为一个时间和日期获取示例程序。

```
#include <stdio.h>
#include <time.h>

int main(void)
{
    time_t now;
    struct tm *tm_now;

    time(&now);
    tm_now = localtime(&now);

    printf("now datetime: %d-%d-%d %d:%d:%d\n", \
    tm_now->tm_year, tm_now->tm_mon, tm_now->tm_mday, \
    tm_now->tm_hour, tm_now->tm_min, tm_now->tm_sec);

    return(0);
}
```

图 6.26　时间和日期获取示例程序

## 6.4.4　控制器程序设计

按照调度表/时间表设计的原则，可以看到其基本出发点是不同的时间（包括时段、星期、日期等）使用不同的控制方案，以适应不断变化的交通需求。因此控制器的主要流程也是基于时间进行的。

如图 6.27 所示是调度表/时间表控制器主流程，其中增加了两个顺序结构，即“更新时间变量”和“查询方案数据”。

① 更新时间变量。查询系统当前时刻的时间参数，包括年月日、时分秒、星期等，存入时间变量中；该部分可根据前一小节时间头文件内容进行。

② 查询方案数据。根据当前时间参数以及调度表/时间表的控制逻辑，查询当前时刻应当执行哪一个控制方案。

调度表/时间表方案查询子流程如图 6.28 所示。

① 查询是否定义了当前日期的调度表实体，若没有定义，则查询当前星期对应的时间表实体编号；若有定义，则查询当前日期对应的时间表实体编号。

② 根据时间表编号和当前时刻，则查询对应时间方案联系表中当前时刻所属时段应当执行的控制方案类型和编号。

③ 最后，根据控制类型和编号，从方案表中查询对应控制方案的具体配时参数。

方案查询子流程图 SQL 语句如图 6.29 所示。

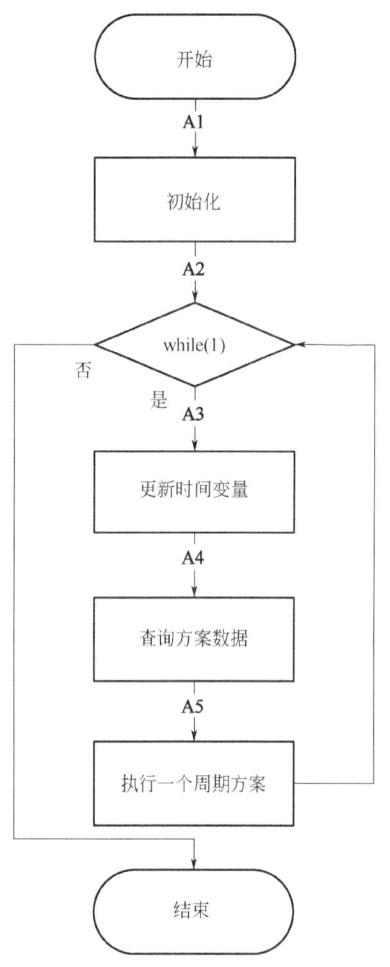


图 6.27 调度表/时间表控制器主流程

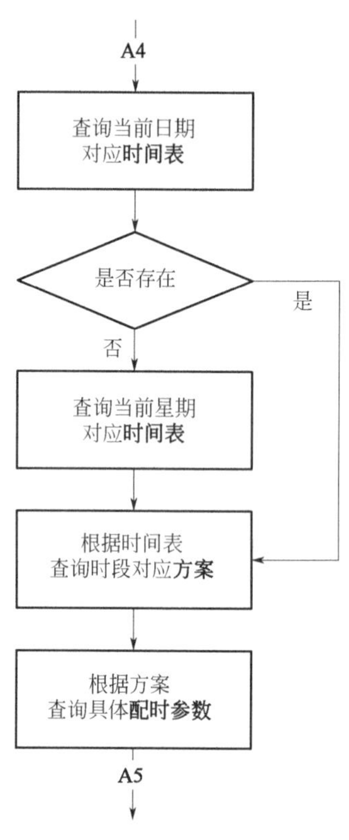


图 6.28 调度表/时间表方案查询子流程

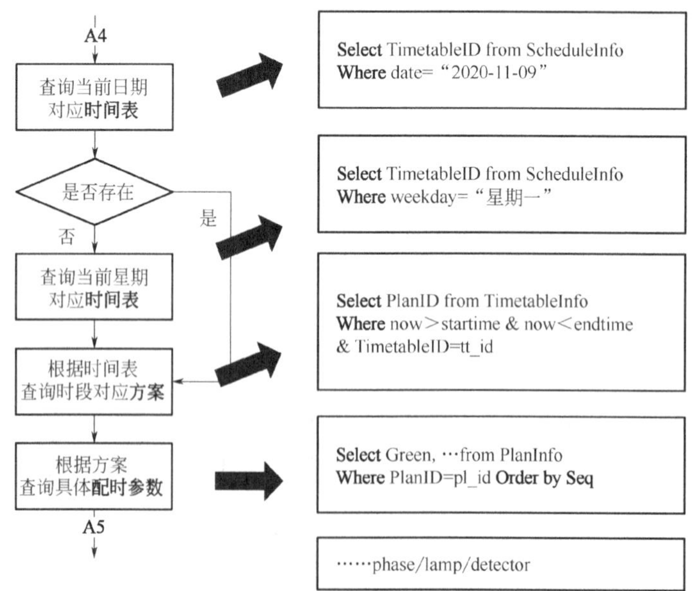


图 6.29 方案查询子流程图 SQL 语句

# 第 7 章 信号控制系统通信设计

## 7.1 计算机网络基础

计算机网络系统就是利用通信设备和线路将地理位置不同、功能独立的多个计算机系统互联起来，以功能完善的网络软件实现网络中资源共享和信息传递的系统。通过计算机的互联，实现计算机之间的通信，从而实现计算机系统之间的信息、软件和设备资源的共享以及协同工作等功能，其本质特征在于提供计算机之间的各类资源的高度共享，实现便捷的交流信息和交换思想。

构成计算机网络系统的要素如下。

① 计算机系统：工作站（终端设备，或称客户机，通常是 PC 机）、网络服务器（通常都是高性能计算机）。

② 网络通信设备（网络交换设备、互联设备和传输设备）：包括网卡、网线、集线器（HUB）、交换机、路由器等。

③ 网络外部设备：如高性能打印机、大容量硬盘等。

④ 网络软件：包括网络操作系统，如 Unix、NetWare、Windows NT 等；客户连接软件（包括基于 DOS、Windows、Unix 操作系统的等）；网络管理软件等。

互联网服务提供商 ISP 可以从互联网管理机构获得许多 IP 地址，同时拥有通信线路以及路由器等联网设备，个人或机构向 ISP 缴纳一定的费用就可以接入互联网。目前的互联网是一种多层次 ISP 结构，如图 7.1 所示，ISP 根据覆盖面积的大小分为第一层 ISP、区域 ISP 和接入 ISP。互联网交换点 IXP 允许两个 ISP 直接相连而不用经过第三个 ISP。

主机之间的通信方式如图 7.2 所示。

① 客户-服务器（C/S）：客户是服务的请求方，服务器是服务的提供方。

② 对等（P2P）：不区分客户和服务器。

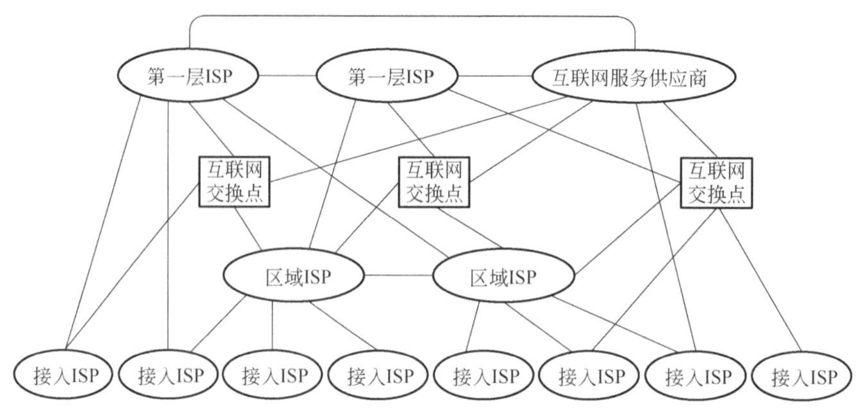


图 7.1　多层次 ISP 结构

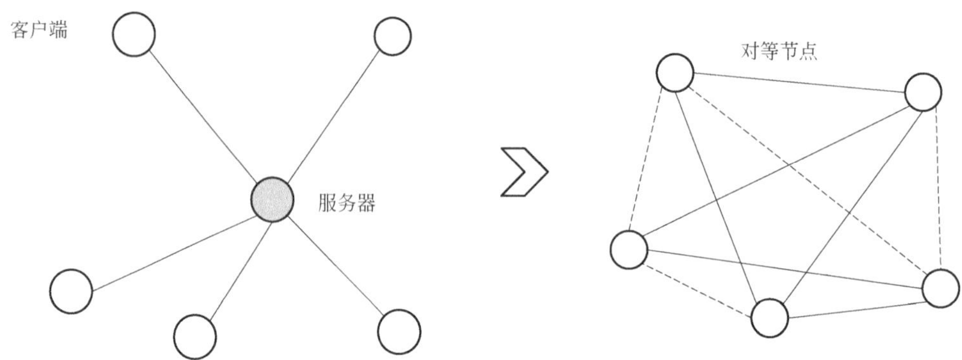


图 7.2　主机之间的通信方式

## 7.1.1　计算机网络体系结构

计算机网络体系结构是指计算机网络层次结构模型，它是各层的协议以及层次之间的端口的集合。在计算机网络中实现通信必须依靠网络通信协议，目前广泛采用的是国际标准化组织（ISO）1997 年提出的开放系统互联（Open System Interconnection，OSI）参考模型，习惯上称为 ISO/OSI 参考模型。

TCP/IP（Transmission Control Protocol/Internet Protocol，传输控制协议/网际协议）由 2 个主要协议即 TCP 和 IP 而得名。TCP/IP 是互联网上所有网络和主机之间进行交流时所使用的共同“语言”，是互联网上使用的一组完整的标准网络连接协议。通常所说的 TCP/IP 实际上包含了大量的协议和应用，且由多个独立定义的协议组合在一起，因此，更确切地说，应该称其为 TCP/IP 协议集。TCP/IP 共有 4 个层次，它们分别是网络接口层、网际层、传输层和应用层。

此外还有五层协议的体系结构，包括物理层、数据链路层、网络层、运输层和应用层，如图 7.3 所示。

网络的层次结构方法要解决的问题如下。

① 网络应该具有哪些层次？每一层的功能是什么？（分层与功能）

② 各层之间的关系是怎样的？它们如何进行交互？（服务与接口）

③ 通信双方的数据传输要遵循哪些规则？（协议）

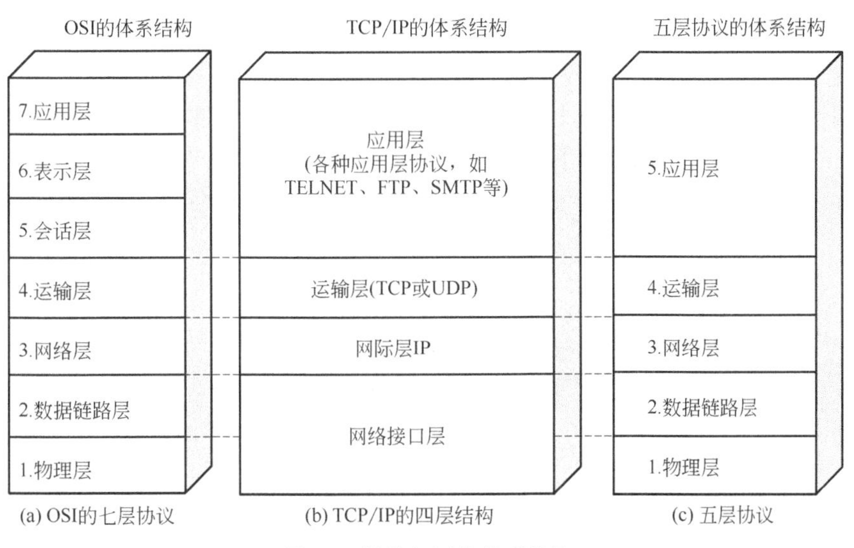


图 7.3　计算机网络体系结构

计算机网络中，层、协议和层间接口的集合被称为计算机网络体系结构。换句话说，体系结构包括三个内容：分层结构与每层的功能，服务与层间接口，协议。

### （1）物理层

物理层（Physical，PH）传递信息需要利用一些物理传输媒体，如双绞线、同轴电缆、光纤等。物理层的任务就是为上层提供一个物理的连接，以及该物理连接表现出来的机械、电气、功能和过程特性，实现透明的比特流传输。在这一层，数据还没有组织，仅作为原始的比特流提交给数据链路层。

物理层考虑的是怎样在传输媒体上传输数据比特流，而不是指具体的传输媒体。物理层的作用是尽可能屏蔽传输媒体和通信手段的差异，使数据链路层感觉不到这些差异。物理层比特流传输如图 7.4 所示。

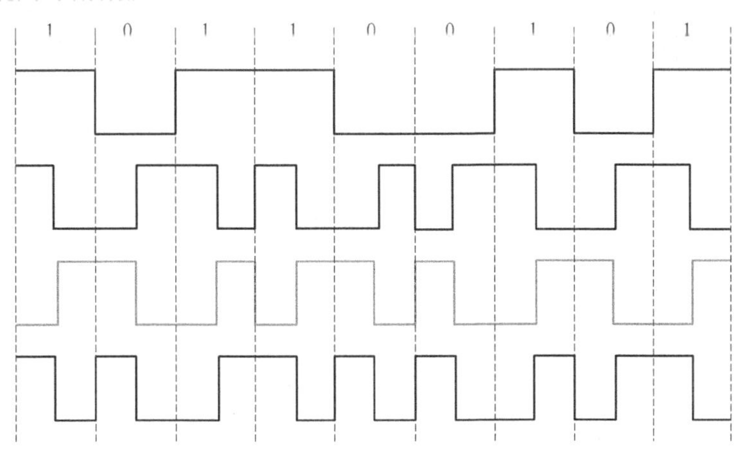


图 7.4　物理层比特流传输

### （2）数据链路层

数据链路层（Data-link，D）负责在 2 个相邻的结点之间的链路上实现无差错的数据帧传输。每一帧包括一定的数据和必要的控制信息，在接收方接收到数据出错时要通知发送方重发，直到这一帧无差错地到达接收结点，数据链路层就是把一条有可能出错的实际链路变成让网络层看起来像不会出错的数据链路。实现的主要功能有：帧的同步、差错控制、流量控制、寻址、帧内定界、透明比特组合传输等。链路层的任务如图 7.5 所示。

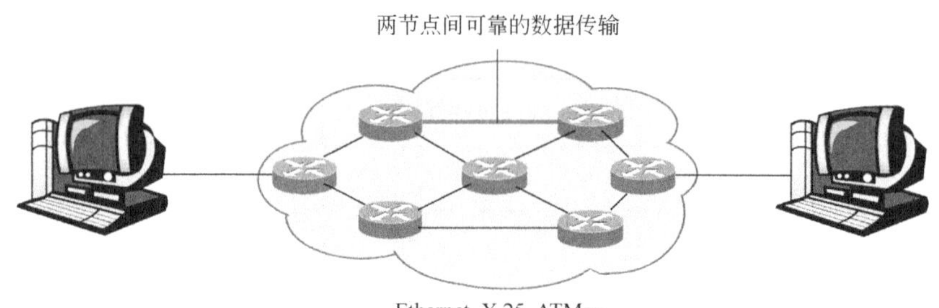


图 7.5　链路层的任务

### （3）网络层

网络层（Network，N）中通信的 2 个计算机之间可能要经过许多结点和链路，还可能经过几个通信子网。网络层数据传输的单位是分组（Packet）。网络层的主要任务是为要传输的分组选择一条合适的路径，使发送分组能够正确无误地按照给定的目的地址找到目的主机，交付给目的主机的传输层。实现的主要功能有：在源端与目的端之间建立、维护、终止网络的连接，路由选择和分组中转，流量控制和拥塞控制，多路复用，分段与组合，差错检测与恢复，流量统计等。网络层的任务如图 7.6 所示。

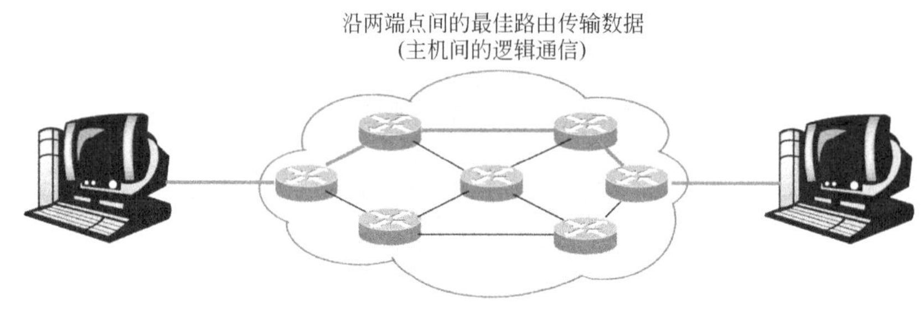


图 7.6　网络层的任务

### （4）传输层

传输层（Transport，T）的主要任务是通过通信子网的特性，最佳地利用网络资源，并以可靠与经济的方式为 2 个端系统的会话层之间建立一条连接通道，以透明地传输报文（图 7.7）。传输层向上一层提供一个可靠的端到端的服务，使会话层不知道传输层以下的数据通信的细节。传输层只存在端系统中，传输层以上各层就不再考虑信息传输的问题了。

运输层包括两种协议：传输控制协议 TCP，提供面向连接、可靠的数据传输服务，数据单位为报文段；用户数据报协议 UDP，提供无连接、尽最大努力的数据传输服务，数据单位为用户数据报。TCP 主要提供完整性服务，UDP 主要提供及时性服务。

传输层与网络层在端到端上的主要区别如下。

① 网络层：为主机之间提供逻辑传输。

② 传输层：为应用进程之间提供逻辑传输。

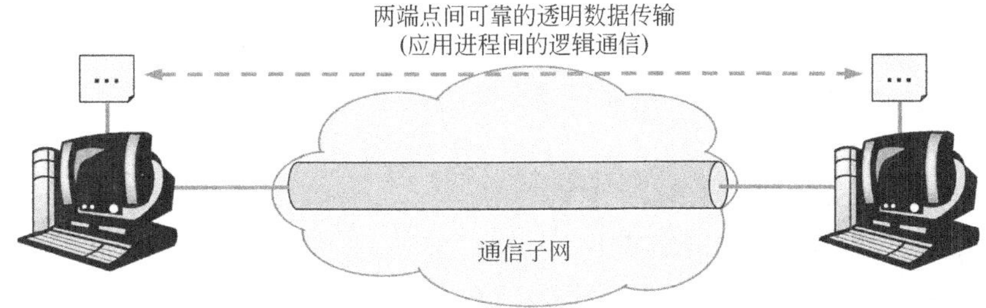


图 7.7　传输层的任务

### （5）应用层

应用层（Application，A）确定进程之间通信的性质以满足用户的需求，以及提供网络与用户软件之间的接口服务。应用层为特定应用程序提供数据传输服务，例如 HTTP、DNS 等。数据单位为报文。应用层的主要功能如下。

① 提供各种不同的应用协议以满足应用进程的需求。

② 识别并证实目的通信方的可用性。

③ 使协同工作的应用进程之间进行同步。

④ 为通信过程申请资源。

如图 7.8 所示是典型的网络通信示意。其中，IP 协议的作用范围是主机端到主机端，TCP/UDP 协议的作用范围是应用进程端到应用进程端。

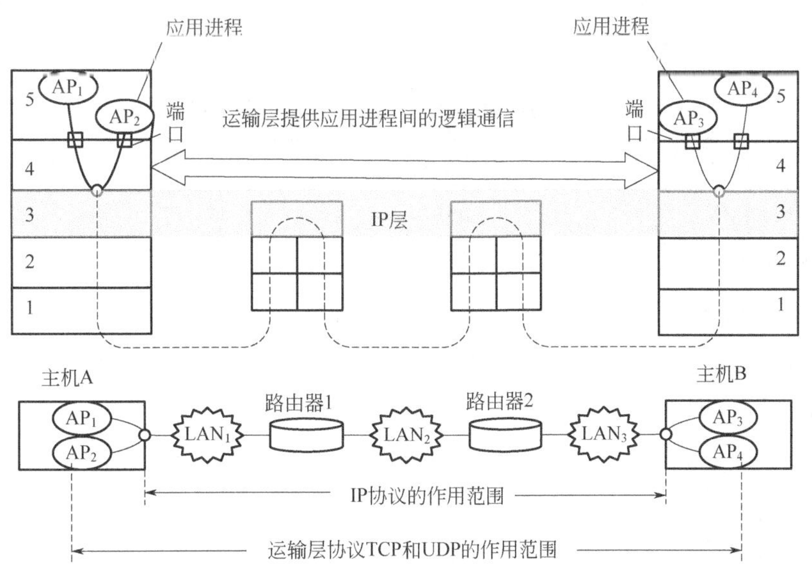


图 7.8　典型的网络通信示意

## 7.1.2 常用通信协议

通信协议又称通信规程，是指通信双方对数据传送控制的一种约定。约定中包括对数据格式、同步方式、传送速度、传送步骤、检查纠错方式以及控制字符定义等问题做出统一规定，通信双方必须共同遵守，它也称为链路控制规程。

根据计算机网路体系机构，通信协议可以分为以下几种。

① 数据链路层通信协议：EtherNet、Token Ring、Token Bus、FDDI、PPP/SLIP 等。

② 网络层通信协议：IP、ICMP、IGMP 等。

③ 传输层通信协议：TCP、UDP 等。

④ 应用层通信协议：FTP、TELNET、HTTP、SMTP、DHCP、SNMP、TFTP、DNS 等。

常用通信协议如图 7.9 所示。

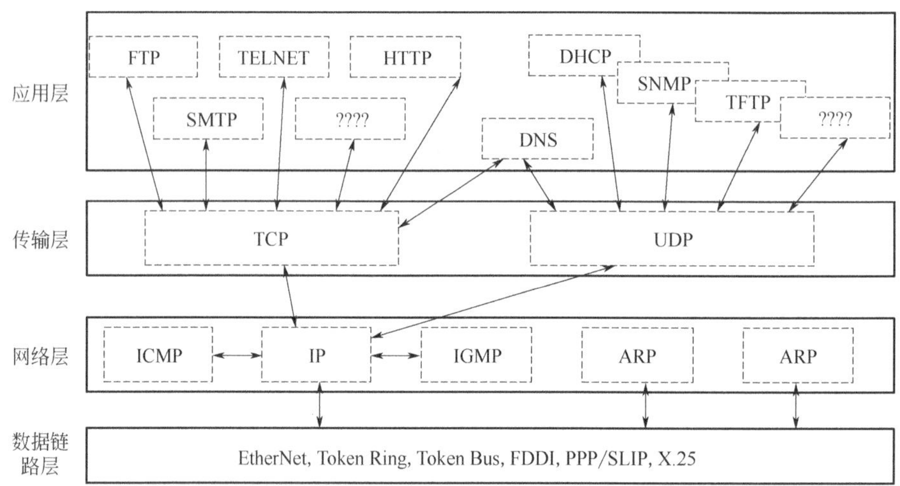


图 7.9 常用通信协议

表 7.1 所示为应用层通信协议常用端口号等信息。

**表 7.1 应用层通信协议常用端口号等信息**

| 功能 | 应用层协议 | 端口号 | 传输层协议 |
|---|---|---|---|
| 域名解析 | DNS | 53 | UDP/TCP |
| 动态主机配置协议 | DHCP | 67/68 | UDP |
| 简单网络管理协议 | SNMP | 161/162 | UDP |
| 文件传送协议 | FTP | 20/21 | TCP |
| 远程终端协议 | TELNET | 23 | TCP |
| 超文本传送协议 | HTTP | 80 | TCP |
| 简单邮件传送协议 | SMTP | 25 | TCP |
| 邮件读取协议 | POP3 | 110 | TCP |
| 网际报文存取协议 | IMAP | 143 | TCP |

## 7.1.3　TCP/IP 网络模型

城市交通控制系统作为一种专属的应用程序，在本书中主要使用 TCP/UDP 协议进行通信模块的设计和开发。

TCP/IP 是互联网相关的各类协议族的总称，比如 TCP、UDP、IP、FTP、HTTP、ICMP、SMTP 等都属于 TCP/IP 族内的协议。

### （1）UDP 协议

UDP 协议如图 7.10 所示，全称是用户数据报协议，在网络中它与 TCP 协议一样用于处理数据包，是一种无连接的协议。在 OSI 模型中，在第四层传输层，处于 IP 协议的上一层。UDP 有不提供数据包分组、组装和不能对数据包进行排序的缺点，也就是说，当报文发送之后，是无法得知其是否安全完整到达的。

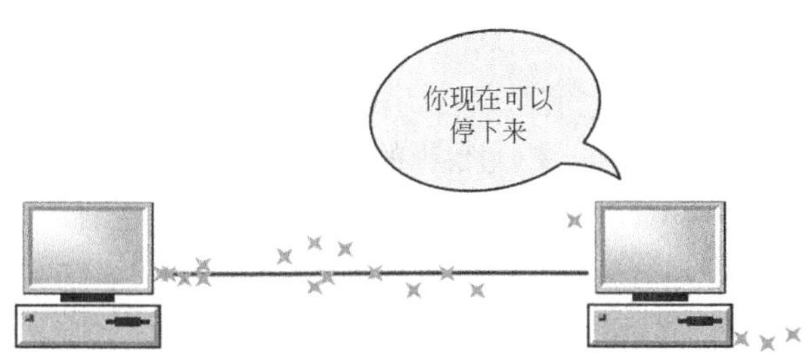


图 7.10　UDP 协议

UDP 的特点如下。

① 面向无连接。UDP 不需要经过握手建立连接，也不会对数据报文进行任何拆分和拼接。

② 面向报文。发送方的 UDP 对应用程序交下来的报文，在添加首部后就向下交付 IP 层。UDP 对应用层交下来的报文，既不合并，也不拆分，而是保留这些报文的边界。

③ 不可靠性。无连接、不会备份数据、不会确认数据是否被收到、不会根据网络条件调整发送速率等。UDP 只会把想发的数据报文全部传给对方，并不在意数据是否安全完整到达。

④ 传输效率高。UDP 的报文头部开销小，只有八字节，相比 TCP 的至少二十字节要少得多，在传输数据报文时是很高效的。

### （2）TCP 协议

TCP 协议如图 7.11 所示，全称是传输控制协议，是一种面向连接的、可靠的、基于字节流的传输层通信协议，由 IETF 的 RFC793 定义。TCP 是面向连接的、可靠的流协议。

建立一个 TCP 连接包括三次握手的过程。

① 第 1 次握手：客户端向服务端发送连接请求报文段。该报文中包含自身的数据通信初始序号。请求发送后，客户端便进入 SYN-SENT 状态。

② 第 2 次握手：服务端收到连接请求报文后，如果同意连接，则会发送一个应答，该应答

中也会包含自身的数据通信初始序号，发送完成后便进入 SYN-RECEIVED 状态。

TCP　传输控制协议

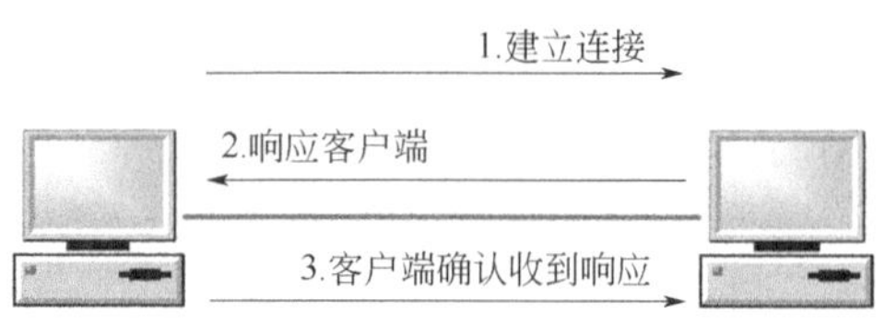


图 7.11　TCP 协议

③ 第 3 次握手：当客户端收到连接同意的应答后，还要向服务端发送一个确认报文。客户端发完这个报文后便进入 ESTABLISHED 状态，服务端收到这个应答后也进入 ESTABLISHED 状态，此时连接建立成功。

TCP 协议的特点如下。

① 面向连接：是指发送数据之前必须在两端建立连接。建立连接的方法是“三次握手”，这样能建立可靠的连接。建立连接，是为数据的可靠传输打下基础。

② 向字节流：TCP 不像 UDP 那样一个个报文独立地传输，而是在不保留报文边界的情况下以字节流方式进行传输。

③ 可靠传输：TCP 为了保证报文传输的可靠，就给每个包一个序号，同时序号也保证了传送到接收端实体的包的按序接收。然后接收端实体对已成功收到的字节发回一个相应的确认（ACK）；如果发送端实体在合理的往返时延（RTT）内未收到确认，那么对应的数据（假设丢失了）将会被重传。

### （3）UDP 与 TCP 的比较

通过 UDP 和 TCP 的定义及使用方式，可以总结两者的特点和适用情况。

① TCP 向上层提供面向连接的可靠服务，UDP 向上层提供无连接不可靠服务。

② 虽然 UDP 并没有 TCP 传输准确，但是也能在很多实时性要求高的地方有所作为。

③ 对数据准确性要求高，速度可以相对较慢的，可以选用 TCP。

## 7.2　socket 接口基础

应用编程接口 API（Application Programming Interface）就是应用进程的控制权和操作系统的控制权进行转换的一个系统调用接口。socket 就是 Berkeley UNIX 操作系统定义了一种 API，称为套接字接口（socket interface），简称套接字（socket），如图 7.12 所示。

socket 是应用层与 TCP/IP 协议族通信的中间软件抽象层，它是一组接口。在设计模式中，socket 其实就是一个门面模式，它把复杂的 TCP/IP 协议族隐藏在 socket 接口后面，对用户来说，一组简单的接口就是全部，让 socket 去组织数据，以符合指定的协议。

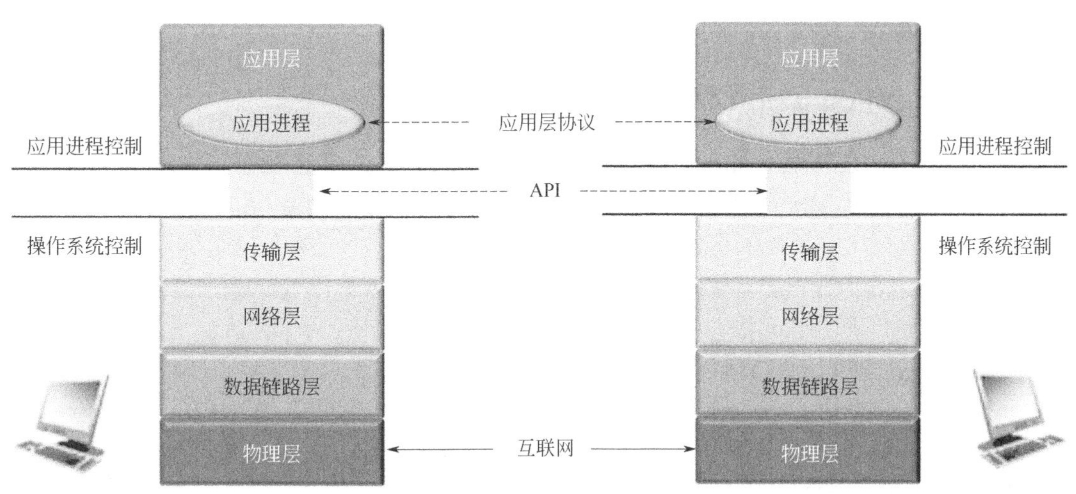


图 7.12　socket 与网络体系结构

## 7.2.1　socket 常用函数

socket 起源于 Unix，而 Unix/Linux 基本哲学之一就是“一切皆文件”，都可以用“打开（open）→读写（write/read）→关闭（close）”模式来操作，socket 就提供了这些操作对应的函数接口。下面以 TCP 为例，介绍几个基本的 socket 接口函数。

### （1）socket()函数

```
int socket(int protofamily,int type,int protocol)
```

① socket()用于创建一个 socket 描述符（socket descriptor），它唯一标识一个 socket。后续的操作都会用到它，把它作为参数，通过它来进行一些读写操作。

② protofamily：协议簇，AF_INET（IPV4）、AF_INET6（IPV6）…

③ type：指定 socket 类型，SOCK_STREAM、SOCK_DGRAM …

④ protocol：协议，IPPROTO_TCP、IPPRPTP_UDP…值为 0 自动匹配对应协议。

当创建一个 socket 时，返回的 socket 描述符存在于协议族空间中，但没有一个具体的地址。如果想要给它赋值一个地址，就必须调用 bind()函数，否则当调用 connect()、listen()时系统会自动随机分配一个端口。

### （2）bind()函数

```
int bind(int socketfd, const struct sockaddr * addr, socklen_t addrlen)
```

① bind()：把一个地址簇中的特定地址传给 socket。

② socketfd：即 socket 描述符，唯一标识一个 socket。

③ addr：指向 socketfd 的协议地址。

④ addrlen：对应的协议地址的长度。

通常服务器在启动的时候都会绑定一个众所周知的地址（如 IP 地址+端口号），用于提供服务，客户就可以通过它来接连服务器；而客户端就不用指定，有系统自动分配一个端口号和自身的 IP 地址组合。

这就是为什么通常服务器端在 listen 之前会调用 bind()，客户端却不会调用，而是在 connect()

时由系统随机生成一个。

### （3）listen()/connect()函数

作为服务器，在调用 socket()、bind()之后就会调用 listen()来监听这个 socket，如果客户端这时调用 connect()发出连接请求，服务器端就会接收到这个请求。

```
int listen(int socketfd, int backlog)
```

① listen()：作为服务器，在调用 socket()和 bind()后，需要调用 listen()来监听这个 socket。

② socketfd：即 socket 描述符。

③ backlog：对应 socket 可以排队的最大连接数量。

```
int connect(int socketfd, const struct sockaddr *addr, socklen_t addrlen)
```

① connect()：作为客户端，在调用 socket()后，需要调用 connect()来发出连接请求，服务器端就会收到这个请求；socketfd，即 socket 描述符。

② addr：对应服务器 socket 地址。

③ addrlen：对应服务器 socket 地址的长度。

### （4）accept()函数

TCP 服务器端依次调用 socket()、bind()、listen()之后，就会监听指定的 socket 地址。TCP 客户端依次调用 socket()、connect()之后就向 TCP 服务器发送一个连接请求。TCP 服务器监听到这个请求之后，就会调用 accept()函数去接收请求，这样连接就建立好了。之后就可以开始网络 I/O 操作，即类同于普通文件的读写 I/O 操作。

```
int accept(int socketfd, struct sockaddr *addr, socklen_t *addrlen)
```

① accept()：TCP 服务器收到 connect()请求后，调用 accept()来接收这个请求，即建立了 TCP 连接。

② socketfd：即 socket 描述符，服务器监听的 socket。

③ addr：这是一个结果参数，它用来接收一个返回值，这个返回值指定客户端的地址，如果对客户的地址不感兴趣，那么可以把这个值设置为 NULL。

④ addrlen：也是结果的参数，用来接收上述 addr 的结构的大小，它指明 addr 结构所占有的字节数量，同样地，它也可以被设置为 NULL。

### （5）read()/write()函数

通过上述函数，服务器与客户已经建立好连接。可以调用网络 I/O 进行读写操作，即实现了网络中不同进程之间的通信。网络 I/O 操作有下面几组：

- read()/write()；
- recv()/send()；
- readv()/writev()；
- recvmsg()/sendmsg()；
- recvfrom()/sendto()。

### （6）close()函数

在服务器与客户端建立连接之后，会进行一些读写操作，完成了读写操作就要关闭相应

的 socket 描述字，好比操作完打开的文件要调用 fclose 关闭打开的文件。

```
int close(int socketfd)
```

① close()：关闭一个 socket。

② socketfd：即 socket 描述符。

close 操作只是使相应 socket 描述字的引用计数-1，只有当引用计数为 0 的时候，才会触发 TCP 客户端向服务器发送终止连接请求。

## 7.2.2　socket 调用流程

socket 调用流程分为了客户端和服务端两部分。如图 7.13 所示是 socket 调用流程，其中左侧为客户端，右侧为服务端。向右的箭头表示客户端向服务端发送的请求，向左的箭头表示服务端确认或回复的请求。*部分表示阻塞，即没有收到信息时处于等待状态。

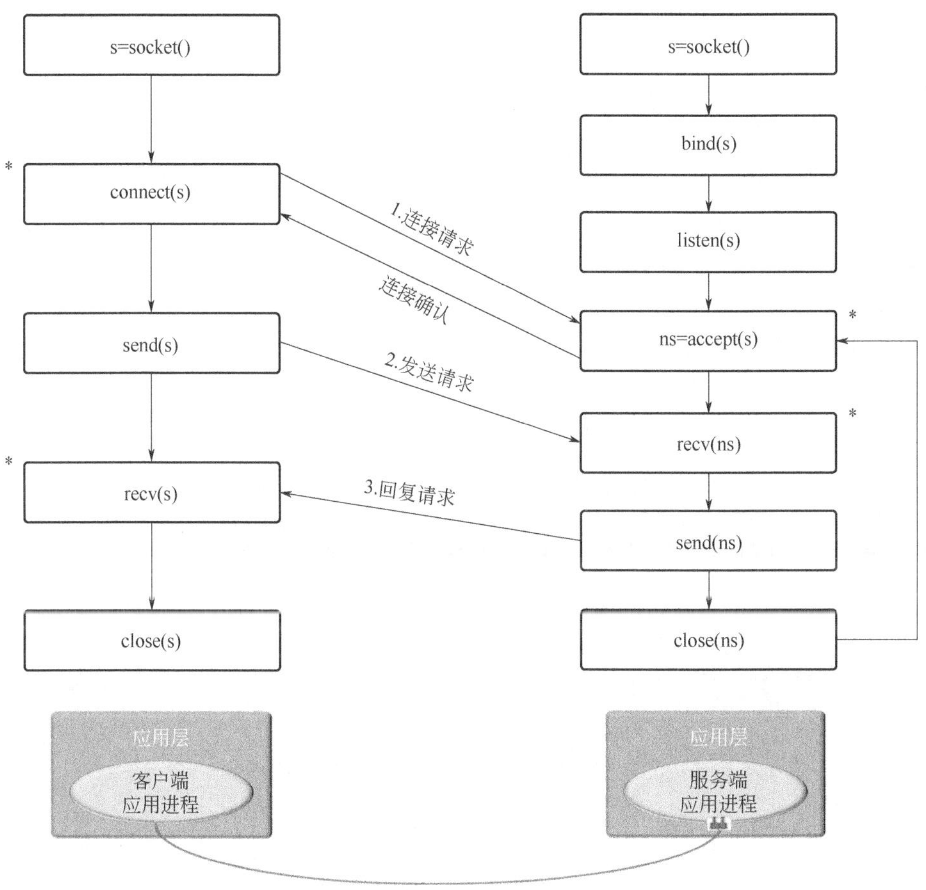


图 7.13　socket 调用流程

TCP 客户端流程如下。

① 确定服务器 IP 地址和端口号。

② 创建 socket，分配本地端点地址（socket）。

③ 连接服务器，直至收到连接确认（connect）。

④ 根据应用层协议进行通信（send+recv）。

⑤ 关闭/释放连接（close）。

客户端示例代码如下所示。

```
//****************************************
#include <netinet/in.h>
#include <sys/socket.h>
#include <sys/types.h>
#include <arpa/inet.h>
#include <string.h>
#include <strings.h>
#include <errno.h>
#include <stdlib.h>
#include <stdio.h>

#define TCP SOCK_STREAM
#define UDP SOCK_DGRAM
#define MAXLINE 5

void if_error(int status_code, char *err_msg)
{
    if (status_code < 0) {
      perror(err_msg);
      exit(errno);
    }
}
int net_conn(int sock_type, char *ip_addr, int port)
{
    struct sockaddr_in server_addr;
    int sock_fd, ret;
    /* socket */
    sock_fd = socket(AF_INET, sock_type, 0);
    if_error(sock_fd, "socket");
    /* bind */
    bzero(&server_addr, sizeof(server_addr));
    server_addr.sin_family = AF_INET;
    server_addr.sin_port = htons(port);
    server_addr.sin_addr.s_addr = (NULL == ip_addr ? INADDR_ANY : inet_addr
(ip_addr));
    /* connect */
    ret = connect(sock_fd, (struct sockaddr*)&server_addr, sizeof(server_
addr));
```

```
    if_error(ret, "connect");
        return sock_fd;
}

int main()
{
    int sock_fd, send_bytes;
    char buf[MAXLINE];
    /* connect tcp server */
    sock_fd = net_conn(TCP, "192.168.1.210",12345);
    while (1)
    {
       /* get msg from kbd */
       fgets(buf, sizeof(buf), stdin);
       if (strncmp(buf, "exit", 4) == 0) break;
       /* send msg */
       send_bytes = send(sock_fd, buf, sizeof(buf), 0);
       if_error(send_bytes, "send");
    }
    close(sock_fd);
    return 0;
}
//*******************************************
```

通过调试助手，上述代码的运行结果如图 7.14 所示。

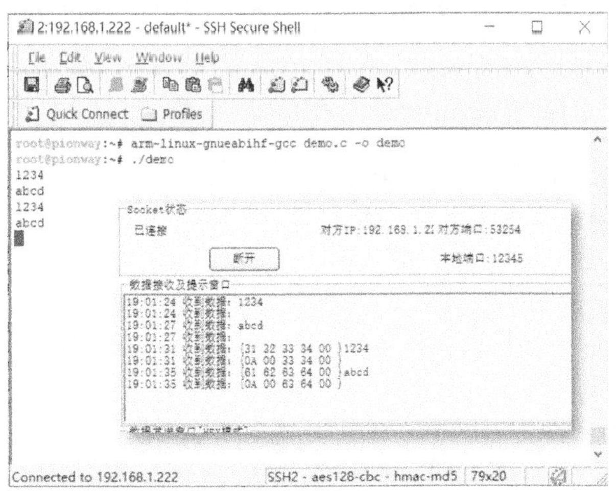


图 7.14　TCP 客户端代码运行结果

TCP 服务器流程如下。

① 创建 socket（socket）。

② 绑定端点地址 INADDR_ANY+端口号（bind）。
③ 反复接收来自客户端的请求（listen+accept）。
④ 遵循应用层协议，构建响应报文，发送给客户端（recv+send）。
⑤ 关闭 socket（close）。

客户端示例代码如下所示。

```
//*****************************************
#include <netinet/in.h>
#include <sys/socket.h>
#include <sys/types.h>
#include <arpa/inet.h>
#include <strings.h>
#include <errno.h>
#include <stdlib.h>
#include <stdio.h>
int main()
{
    /* 1. setup tcp socket server */
    int sock_fd, acc_fd;
    struct sockaddr_in serv_addr;
    /* 1.1 socket */
    sock_fd = socket(AF_INET, SOCK_STREAM, 0);
    if(sock_fd == -1)
    {
      perror("socket error: ");
      exit(errno);
    }
    /* 1.2 bind */
    bzero(&serv_addr,sizeof(serv_addr));
    serv_addr.sin_family = AF_INET;
    serv_addr.sin_port = htons(23456);
    serv_addr.sin_addr.s_addr = htonl(INADDR_ANY);
    if(bind(sock_fd,(struct sockaddr*)&serv_addr,sizeof(serv_addr)) == -1)
    {
      perror("bind error: ");
      exit(errno);
    }
    /* 1.3 TCP listen */
    if(listen(sock_fd,10) == -1)
    {
```

```
        perror("listen error: ");
        exit(errno);
    }
    /* 2. setup udp socket client */
    struct sockaddr_in cli_addr = {0};
    socklen_t cli_addr_len = sizeof(struct sockaddr);
    while(1)
    {    /* 3. accept */
        acc_fd = accept(sock_fd, (struct sockaddr*)&cli_addr, &cli_addr_len);
        if(acc_fd == -1)
        {
            perror("accept error: ");
            exit(errno);
        }
        printf("ip(%s), port(%d), client connect !\n", inet_ntoa(cli_addr.sin_
addr),    ntohs(cli_addr.sin_port));
        while(1)
        {  sleep(5);
            /* 4. recv message */
            char buf[80];
            int len = recv(acc_fd, buf, sizeof(buf), 0);
            if(len == -1)
            {
                perror("recvfrom: ");
                exit(errno);
            }
            /* 5. print message */
            if(len == 0) continue;
            else
            {
                buf[len] = '\0';
                printf("from ip(%s), port(%d),len(%d) client message\n", inet_
ntoa(cli_addr.sin_addr), ntohs(cli_addr.sin_port),len);
                printf("0d: %s\n",buf);
                int i;
                printf("0x: ");
                for(i = 0; i < len; i++)
                    printf("%02X ", buf[i]);
                printf("\n");
                send(acc_fd,buf,len,0);
```

```
            }
        }
        /* 6. close accept fd */
        close(acc_fd);
        printf("ip(%s), port(%d), client disconnect !\n", inet_ntoa(cli_addr.sin_addr), ntohs(cli_addr.sin_port));
    }
    /* 7. close socket */
    close(sock_fd);
    return 0;
}
//******************************************
```

TCP 服务端代码运行结果如图 7.15 所示。

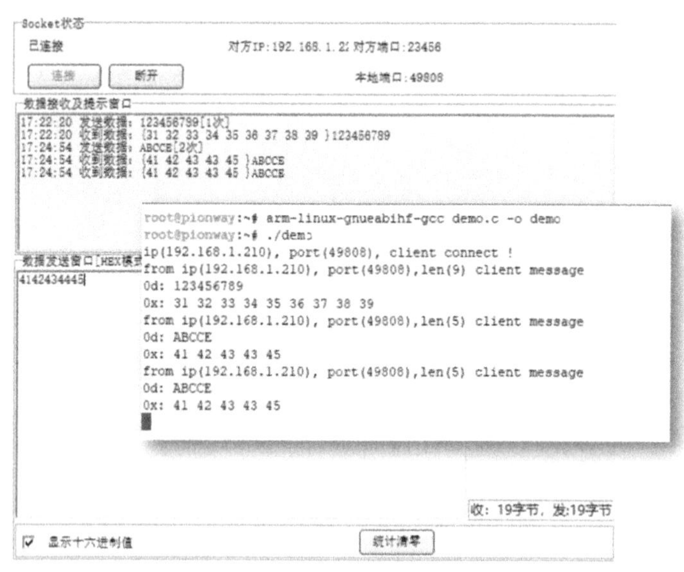

图 7.15　TCP 服务端代码运行结果

# 7.3　信号控制器应用层通信协议设计

信号控制器应用层协议一般可以分为两部分：一部分是中心对路口信号机的控制或查询协议，这部分主要解决下行通道中的配置、查询和控制；另一部分是路口信号机对中心的上报协议，这部分主要解决上行通道中的数据上报、状态上报和故障上报等。

## 7.3.1　通信协议架构设计

通信数据报采用了简单的帧封装结构，此协议基于 SLIP（Serial Line IP，串行线路 IP 协议，具体内容参见 RFC1055 协议）。

### （1）数据帧开始与结束

数据帧以一个称作 START（0x7E）的特殊字符开始，以一个称作 END（0x7D）的特殊字符结束，如图 7.16 所示。

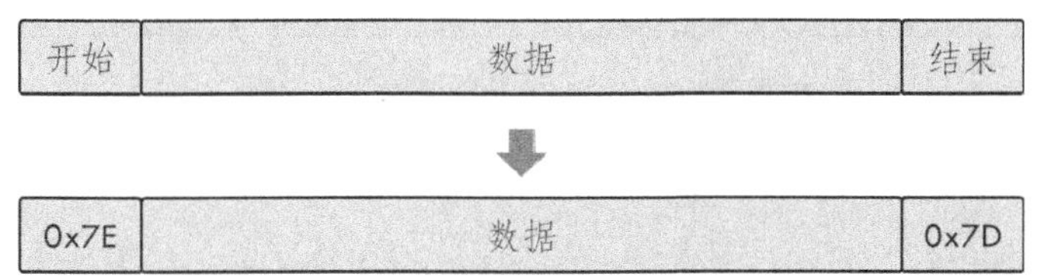


图 7.16　数据报封装（开始-结束）

### （2）数据帧校验

在传送结束 END 之前，还需发送一个校验和（Check）字节，常用的校验方法包括和校验、奇偶校验及字节数校验等，如图 7.17 所示。

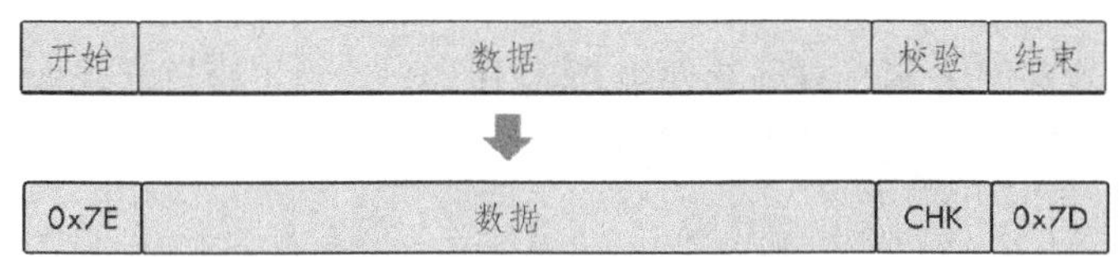


图 7.17　数据报封装（校验位）

### （3）转义字符

报文以 0x5C（反斜杠“\”的 ASCⅡ码）为转义符，如果报文内容中某个字符为 START（0x7E）、END（0x7D）或 0x5C，那么就需要在前面添加转义符 0x5C，以表示其后字符为数据内容而非控制字符，如图 7.18 所示。

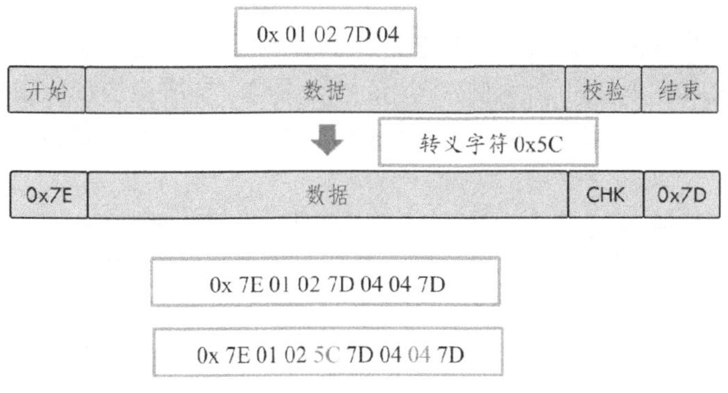


图 7.18　数据报封装（转义字符）

### （4）协议版本与协议编号

协议版本是用来标识当前协议报文使用的什么版本的协议规范，如图 7.19 所示。协议编号用来标识当前协议报文具体的业务需求。

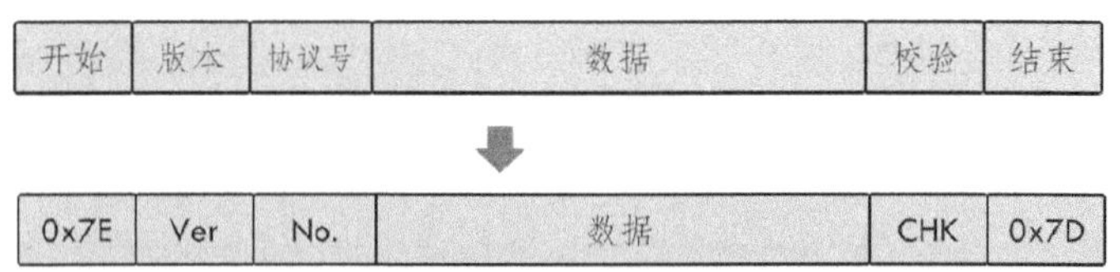


图 7.19　数据报封装（协议版本+协议编号）

例如协议版本约定高四位为主版本号，低四位为辅版本号，如 0x2A 就表示 2.10 版本的通信协议。

协议号可以分组表示不同的业务类型和需求，如下所示。

01：信号灯状态上报协议。

02：检测器状态上报协议。

03：控制方案上报协议。

11：下发固定配时方案协议。

12：下发感应控制方案协议。

13：下发时间表协议。

其中，下发固定配时方案没有继续使用 04 号协议，是为了给日后其他上报类协议预留协议号，以便将类型相同的协议进行分类管理。

## 7.3.2　通信协议内容设计

不同的协议编号用于传输不同的业务数据，因此其具体的协议内容也不同，需要根据具体的业务需求分别设计其协议内容。下面以几种常见的业务数据传输需求为例进行其协议内容设计的说明。

### （1）信号灯状态上报协议（0x01）

在中心系统处于当前信号机监控模式时，现场信号机需要逐秒上报信号灯的实时状态。该协议常见的协议内容有两种，一种是固定信号灯数量，即固定协议长度的封装，如图 7.20 所示。该协议中数据段一共 16 个字节，每个字节分别表示对应编号的信号灯状态，其状态编码如说明中所示。

| 0x7E | 0x2A | 0X01 | 数据 | CHK | 0x7D |
|---|---|---|---|---|---|

| 名称 | 字节数 | 说明 |
|---|---|---|
| LampState_1 | 1 | 0红灯，1绿灯，2黄灯，3绿闪，4黄闪，5灭灯 |
| … | … | …… |
| LampState_16 | 1 | …… |

0x 7E 2A 01 01 02 03 04 05 06 07 08 09 0A 0B 0C 0D 0E 0F 10 12 7D

图 7.20　信号灯状态上报协议（一）

另外一种协议结构是变长的，即根据实际使用的信号灯数量进行动态调整，如图 7.21 所示。该协议中第一个字节 LampNum 用于传递当前信号控制器一共使用了多少个信号灯输出。后续由 2*LampNum 个字节分别用于存储信号灯编号和对应的信号灯状态。

| 名称 | 字节数 | 说明 |
|---|---|---|
| LampNum | 1 | 多少个信号灯状态 |
| LampID_1 | 1 | 信号灯编号 |
| LampState_1 | 1 | 0红灯，1绿灯，2黄灯，3绿闪，4黄闪，5灭灯 |
| LampState_Num | 1 | …… |

0x 7E 2A 01 03 01 00 03 00 05 01 09 7D

图 7.21 信号灯状态上报协议（二）

### （2）控制方案上报协议（0x03）

在中心系统处于当前信号机监控模式时，现场信号机需要上报当前正在执行的信号控制方案类型和编号。此时就需要用到控制方案上报协议。该协议的具体结构及说明如图 7.22 所示。

| 0x7E | 0x2A | 0x03 | 数据 | CHK | 0x7D |
|---|---|---|---|---|---|

| 名称 | 字节数 | 说明 |
|---|---|---|
| PlanID | 1 | 方案编号 |
| PlanType | 1 | 方案类型：1.固定配时，2.感应控制，3.干线协调 |

0x 7E 2A 03 03 02 04 7D

图 7.22 信号灯状态上报协议（三）

不同于信号灯状态上报协议是逐秒发送的，控制方案上报协议可以只在第一次进入监控模式时以及当前执行方案发生变化时进行上报，以减少通信频次和数量。

### （3）下发时间表协议（0x13）

当中心系统配置或修改了时间管理方式时，需要通过通信协议将新的时间表参数发送给信号机进行更新，此时需要使用下发时间表协议。该协议的具体结构及说明如图 7.23 所示。

| 0x7E | 0x2A | 0x13 | 数据 | CHK | 0x7D |
|---|---|---|---|---|---|

| 名称 | 字节数 | 说明 |
|---|---|---|
| TimetableID | 1 | 时间表编号 |
| TimeslotNum | 1 | 时段数量 |
| StartTime | 3 | 起始时刻：时分秒各1字节 |
| EndTime | 3 | 结束时刻：时分秒各1字节 |
| PlanID | 1 | 方案编号 |

图 7.23 下发时间表协议（一）

以某一个时间表数据为例，则对应的封装后的协议可以参考图 7.24。

| 时间表 | 起始时刻 | 结束时刻 | 方案 |
|---|---|---|---|
| 1 | 00:00:00 | 07:00:00 | 8 |
| 1 | 07:00:00 | 09:00:00 | 2 |
| 1 | 09:00:00 | 17:00:00 | 6 |
| 1 | 17:00:00 | 19:00:00 | 2 |
| 1 | 19:00:00 | 24:00:00 | 6 |

```
0x 7E 2A 13
    01 05    00 00 00  07 00 00  08
             07 00 00  09 00 00  02
             09 00 00  11 00 00  06
             11 00 00  13 00 00  02
             13 00 00  18 00 00  06
                                 27 7D
```

图 7.24　下发时间表协议（二）

## （4）下发固定配时方案协议（0x11）

当中心系统配置或修改了固定配时控制方案时，需要通过通信协议将新的控制方案发送给信号机进行更新，此时需要使用下发固定配时方案协议。该协议的具体结构及说明如图 7.25 所示。

| 0x7E | 0x2A | 0x11 | 数据 | CHK | 0x7D |
|---|---|---|---|---|---|

| 名称 | 字节数 | 说明 |
|---|---|---|
| PlanID | 1 | 方案编号 |
| StageNum | 1 | 阶段数量（重复1） |
| StageID | 1 | 阶段编号 |
| Green | 2 | 绿灯时长 |
| Yellow | 2 | 黄灯时长 |
| Red | 2 | 全红时长 |
| PhaseNum | 1 | 阶段相位数量（重复2） |
| PhaseID | 1 | 相位编号 |

图 7.25　下发固定配时方案协议（一）

以某一个固定配时方案数据为例，则对应的封装后的协议可以参考图 7.26。

| 阶段编号 | 相位编号 |
|---|---|
| 3 | 1 |
| 3 | 4 |
| 4 | 2 |
| 4 | 3 |
| 6 | 5 |
| 6 | 6 |
| 6 | 7 |

| 方案编号 | 阶段序号 | 阶段编号 | 绿灯时长 | 黄灯时长 | 全红时长 |
|---|---|---|---|---|---|
| 1 | 1 | 3 | 80 | 3 | 2 |
| 1 | 2 | 6 | 20 | 3 | 2 |
| 1 | 3 | 4 | 35 | 3 | 2 |

```
0x 7E 2A 11
    01 03
        03 00 50 00 03 00 02 02
                             01 04
        06 00 14 00 03 00 02 02
                             02 03
        04 00 23 00 03 00 02 03
                             05 06 07
                                     23 7D
```

图 7.26　下发固定配时方案协议（二）

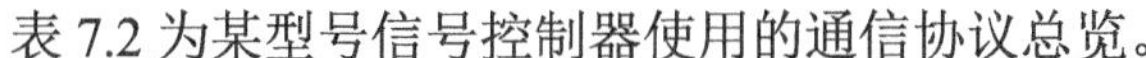

表 7.2 为某型号信号控制器使用的通信协议总览。

**表 7.2　某型号信号控制器使用的通信协议总览**

| 序号 | 对象 | 说明 |
|---|---|---|
| 0. 连接管理 | 0x01 | 用户登录 |
| | 0x02 | 心跳检测 |
| | 0x03 | 重置 |
| | 0x04 | 校时 |
| 1. 信号机状态数据 | 0x11 | 信号机工作状态 |
| | 0x12 | 信号机各单元及板在线状态 |
| | 0x13 | 机柜温湿度及风机 |
| | 0x14 | 机柜开关门 |
| | 0x15 | 信号控制模式 |
| | 0x16 | 信号控制实时状态 |
| | 0x17 | 电源状态 |
| | 0x18 | 电流实时状态 |
| 2. 信号机检测数据 | 0x21 | 周期统计的检测器级交通数据 |
| | 0x22 | 周期统计的 link 级交通数据 |
| | 0x23 | 周期统计的检测器级交通数据（外部请求数据） |
| | 0x24 | 周期统计的 link 级交通数据（外部请求数据） |
| 3. 错误及故障数据 | 0x31 | 单元离线错误 |
| | 0x32 | 机柜状态异常 |
| | 0x33 | 相位冲突 |
| | 0x34 | 灯故障 |
| | 0x35 | 检测器故障 |
| 4. 配置-系统信息 | 0x41 | 信号机信息 |
| | 0x42 | 网络信息 |
| | 0x43 | 路段信息 |
| 5. 配置-控制信息 | 0x51 | 车道 |
| | 0x52 | 检测器 |
| | 0x53 | 相位 |
| | 0x54 | 阶段 |
| | 0x55 | 手动 |

续表

| 序号 | 对象 | 说明 |
|---|---|---|
| 5. 配置-控制信息 | 0x56 | 阶段链 |
| | 0x57 | 方案 |
| | 0x58 | 时间表 |
| | 0x59 | 调度表 |
| | 0x5A | 事件动作 |
| | 0x5B | 阶段过渡约束 |
| | 0x5C | 保留 |
| 6. 配置-检测参数 | 0x61 | 统计记录 |
| | 0x62 | 事件(关联事件动作) |
| | 0x63 | 数据请求 |
| 7. 配置-输出参数 | 0x71 | 绿变红过渡参数 |
| | 0x72 | 绿冲突红变绿过渡参数 |
| | 0x73 | 相位过渡表 |
| | 0x74 | 黄闪绿闪 |
| | 0x75 | 降级定周期参数 |
| | 0x76 | 开机序列 |
| | 0x77 | 冲突表 |
| | 0x78 | 电流检测参数 |
| | 0x7D 0x7E | 保留 |
| 8. 控制指令 | 0x81 | 控制模式 |
| | 0x82 | 方案选择 |
| | 0x83 | 阶段锁定 |
| | 0x84 | 完成配置 |
| 9. 查询指令 | 0x91 | 信号机出厂信息 |
| | 0x92 | 手动面板按键记录 |
| 10. 其他信息 | 0xA1 | 页面-空间位置信息 |
| | 0xA2 | 页面-地图底图 |
| 11. 测试协议 | 0xF1 | 信号机间数据请求协议 |

## 7.4 信号控制器通信程序设计

信号控制器通信程序的设计分为两部分：一是数据的封装及发送；二是数据的接收及解析。一般而言，数据的封装及发送根据业务需求可能分布在控制器程序的不同环节；而数据

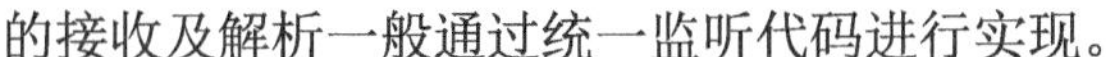
的接收及解析一般通过统一监听代码进行实现。

## 7.4.1　数据封装及发送

根据信号控制器具体的通信业务需求，需要在前面章节控制器程序的基础上增加通信部分的程序设计。由于数据封装及发送有时会与信号控制器具体的业务过程相关联，因此首先需要确定对应协议应该在什么情况下进行数据封装和发送操作。下面以控制方案状态上报协议（0x03）为例进行说明。

① 若只上报控制方案编号和类型，则只需要在每次方案发生变化时进行该协议的数据封装及发送即可，如图 7.27 所示。

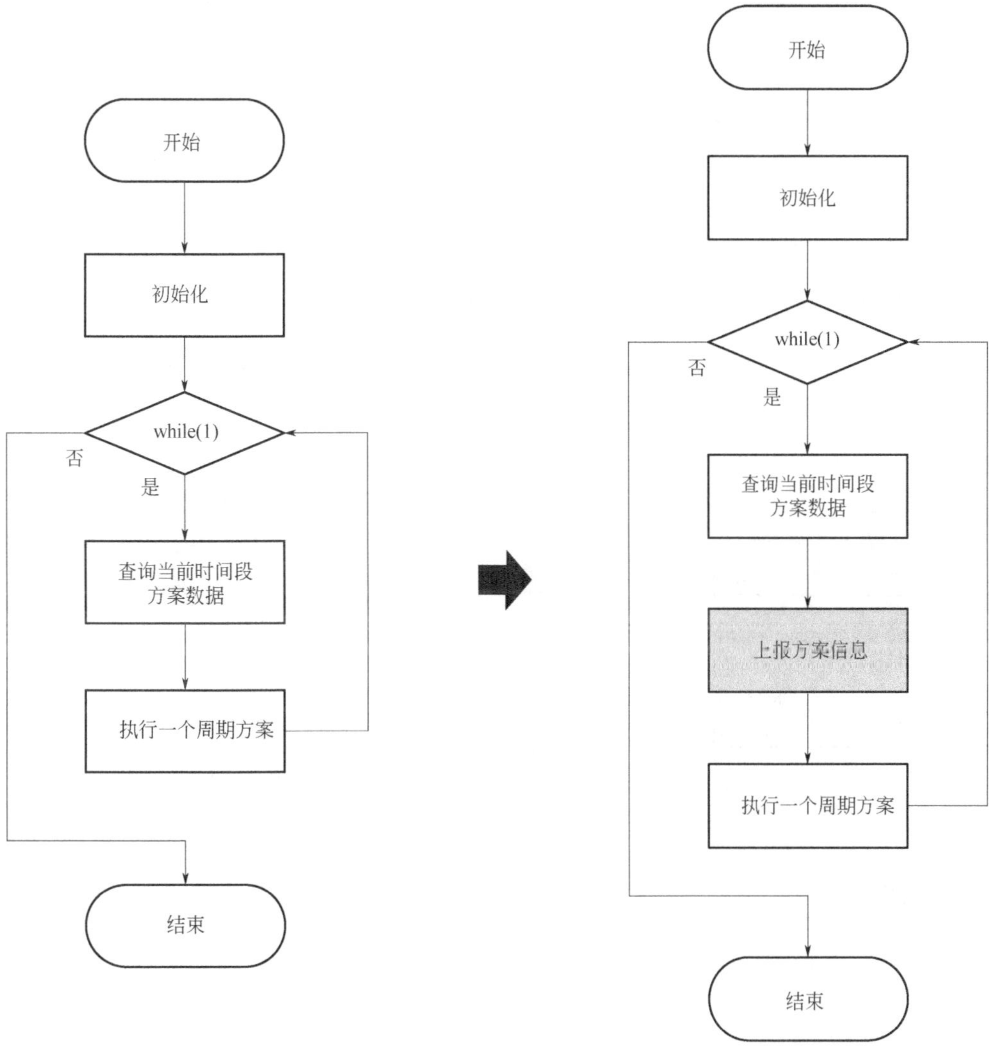

开始
初始化
while(1)
否
是
查询当前时间段方案数据
执行一个周期方案
结束

开始
初始化
while(1)
否
是
查询当前时间段方案数据
上报方案信息
执行一个周期方案
结束

图 7.27　控制方案状态上报协议流程（一）

② 若上报控制方案状态除了包括方案编号和方案类型外，还需要上报当前时刻正在放行的阶段编号，则需要在每次阶段发生变化的时候进行上报，如图 7.28 所示。

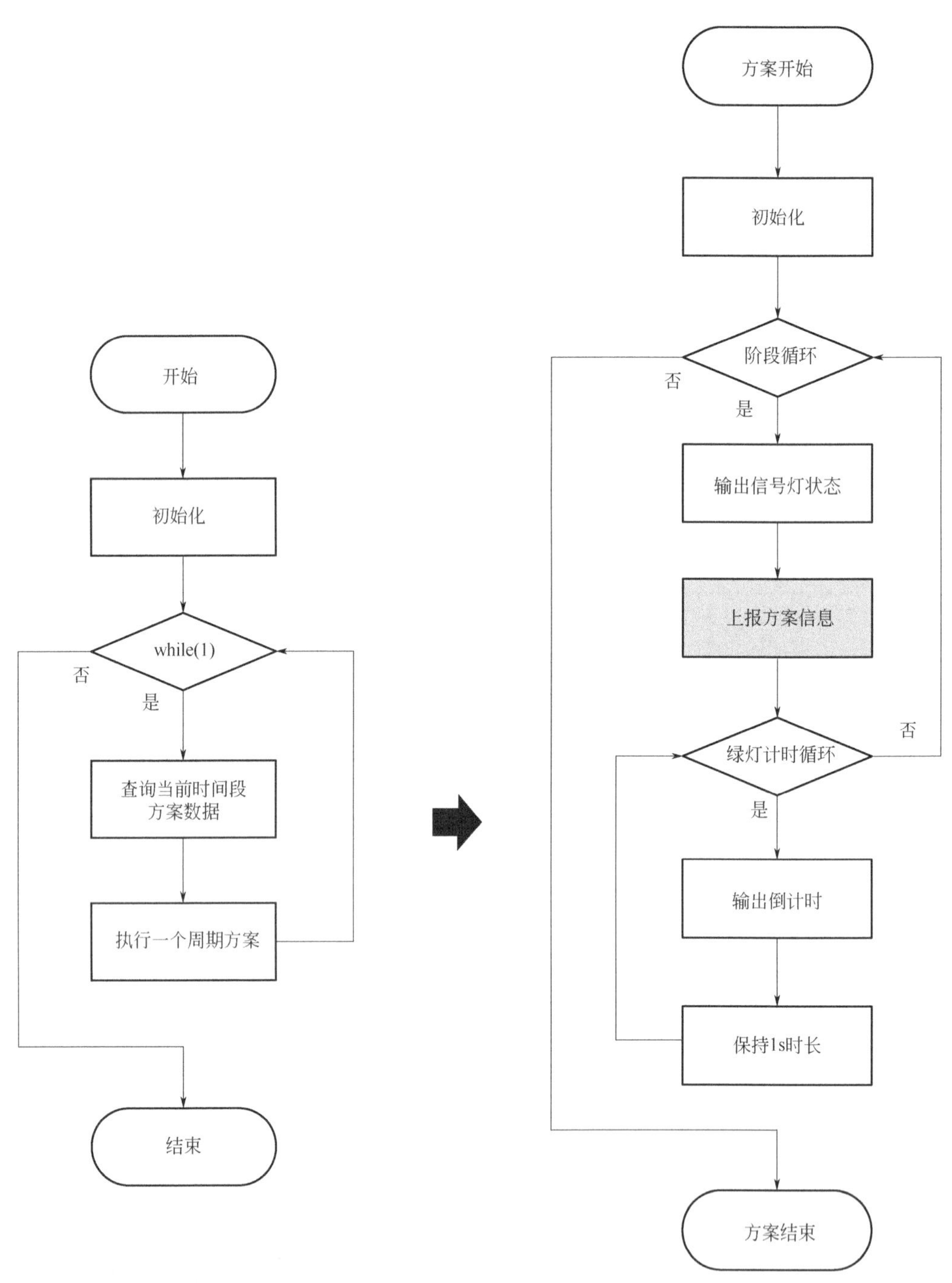


图 7.28　控制方案状态上报协议流程（二）

③ 如果需要更加精确地上报当前正在执行阶段的倒计时等信息的话，则需要与计时程序同步，进行相关状态的上报，如图 7.29 所示。

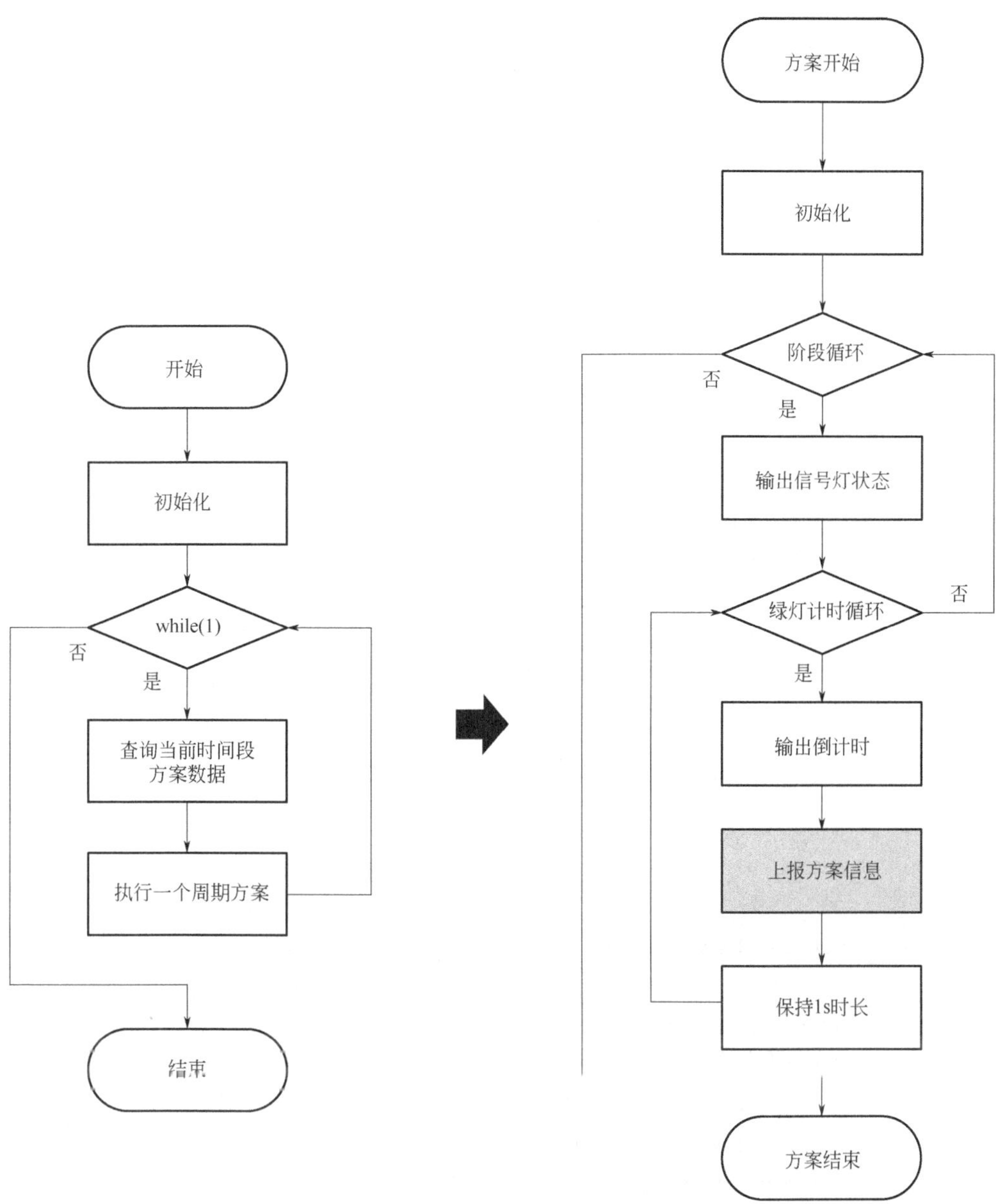


图 7.29　控制方案状态上报协议流程（三）

下面以带倒计时信息的控制方案状态上报为例（基于 UDP 协议），示例代码如下。

```
//********************************************
//宏定义
#define HOST_IP "192.168.1.252"   //上位机 IP
#define HOST_PORT 50556          //上位机 UDP 通信服务端口号
//自定义封装函数
//有倒计时器固定配时控制+UDP 控制方案上传
int Exp_control_countdown(int s_num, int l_num, int G[MAX_STAGE_NUM], int Y[MAX_STAGE_NUM], int R[MAX_STAGE_NUM], int L[MAX_STAGE_NUM][MAX_LAMP_NUM])
{
```

```
    int count, i, j;
    for(i = 0; i < s_num; i++)                                          //阶段循环
    {
      printf("\n进入第%d阶段,绿灯%d秒 : \n", i + 1, G[i]);
      for(count = G[i]; count > 0; count--)
      {
        for(j = 0; j < l_num; j++)                                      //相位绿灯
        {
          if(L[i][j]==1)
          {
            write_lights_states(j + 1, 0, 0, 1, 0, 0);       //绿灯
            write_countdown_value(j + 1, count);
          }
          else
          {
            write_lights_states(j + 1, 1, 0, 0, 0, 0);       //红灯
            write_countdown_value(j + 1, redtime_countdown[j]--);
          }
        }
        //控制方案协议封装<-----
        Udp_Send_Package_03[0] = 0x7E;
        Udp_Send_Package_03[1] = 0x2A;          //协议版本号
        Udp_Send_Package_03[2] = 0x03;          //控制方案上报
        Udp_Send_Package_03[3] = plan_id;       //方案号
        Udp_Send_Package_03[4] = 0x01;          //方案类型
        Udp_Send_Package_03[5] = i + 1;         //阶段号
        Udp_Send_Package_03[6] = count;         //绿灯倒计时
        Udp_Send_Package_03[7] = 0x06;          //控制协议数据字节数校验
        Udp_Send_Package_03[8] = 0x7D;
        Udp_Send_Package_03[9] = '\0';
        //控制方案协议封装----->
        int sendBytes;
        if ((sendBytes = sendto(SockUdp, Udp_Send_Package_03, strlen(Udp_
Send_Package_03), 0, (struct sockaddr*)&myAddr, sizeof(struct sockaddr))) == -1)
        {
          printf("sendto fail, errno=%d\n", errno);
          return -1;
        }
        //16进制显示
        if (debug_03)
        {
          int i;
```

```
            for (i = 0; i < sendBytes; i++)
            {
                printf("%02X ", Udp_Send_Package_03[i]);
            }
            printf("\n");
        }
        usleep(1 * STEP * 1000 * 1000);
    }

    printf("\n 进入第%d 阶段,黄灯%d 秒 :\n", i + 1, Y[i]);
    for (count = Y[i]; count > 0; count--)
    {
        for (j = 0; j < l_num; j++)                              //相位黄灯
        {
            if (L[i][j] == 1)
            {
                write_lights_states(j + 1, 0, 1, 0, 0, 0);     //黄灯
                write_countdown_value(j + 1, count);
            }
            else
            {
                write_lights_states(j + 1, 1, 0, 0, 0, 0);     //红灯
                write_countdown_value(j + 1, redtime_countdown[j]--);
            }
        }
        usleep(1 * STEP * 1000 * 1000);
    }

    printf("\n 进入第%d 阶段,全红%d 秒 : \n", i + 1, R[i]);
     for(count = R[i]; count > 0; count--)
    {
        for(j = 0; j < l_num; j++)                           //相位全红
        {
            write_lights_states(j + 1, 1, 0, 0, 0, 0);     //红灯
            write_countdown_value(j + 1, redtime_countdown[j]--);
        }
        usleep(1 * STEP * 1000 * 1000);
    }
  }
  return 0;
}
//*********************************************
```

## 7.4.2 数据接收及解析

一般情况下，信号控制器的数据监听是由独立线程完成的，其在收到中心或其他登录设备发来的数据后，进行数据的接收、解析以及后续通信协议对应的各类操作。

数据接收及解析的过程主要分为三个步骤，首先确定完整的一条协议，其次通过校验位确定协议是否完整有效，最后根据协议号分别调用不同的协议处理函数进行协议内容的解析和后续处理。

**步骤 1：**提取完整协议。

根据通信协议架构设计，通过遍历字节流中开始标志（0x7E）和结束标志（0x7D），从字节流中提取一条完整的协议。其中需要注意转义字符 0x5C 的处理，具体的处理流程如图 7.30 所示。

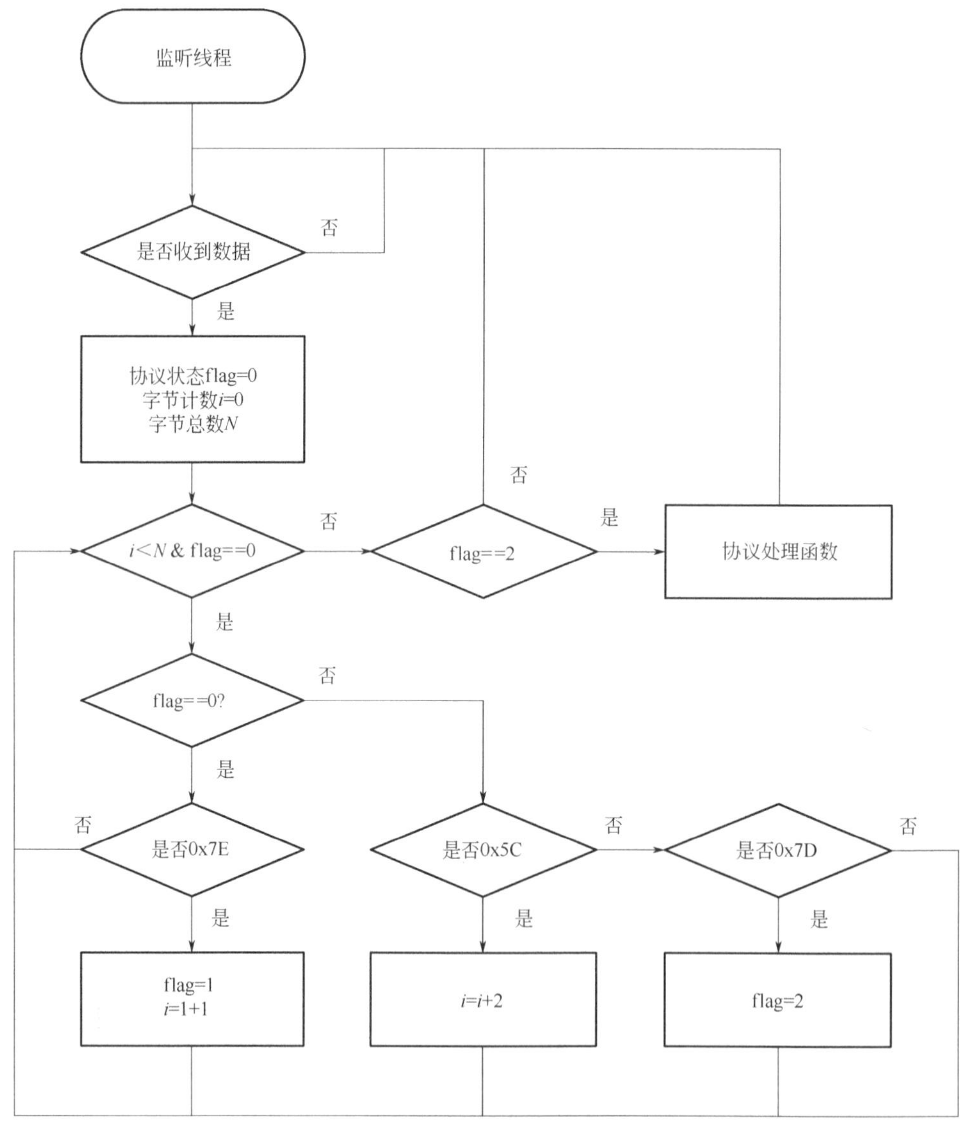


图 7.30 完整协议处理流程

**步骤 2：** 协议校验及分发。

该部分是图 7.30 中顺序结构“协议处理函数”的展开，主要完成协议数据校验以及根据协议编号调用对应的处理函数，其流程如图 7.31 所示。

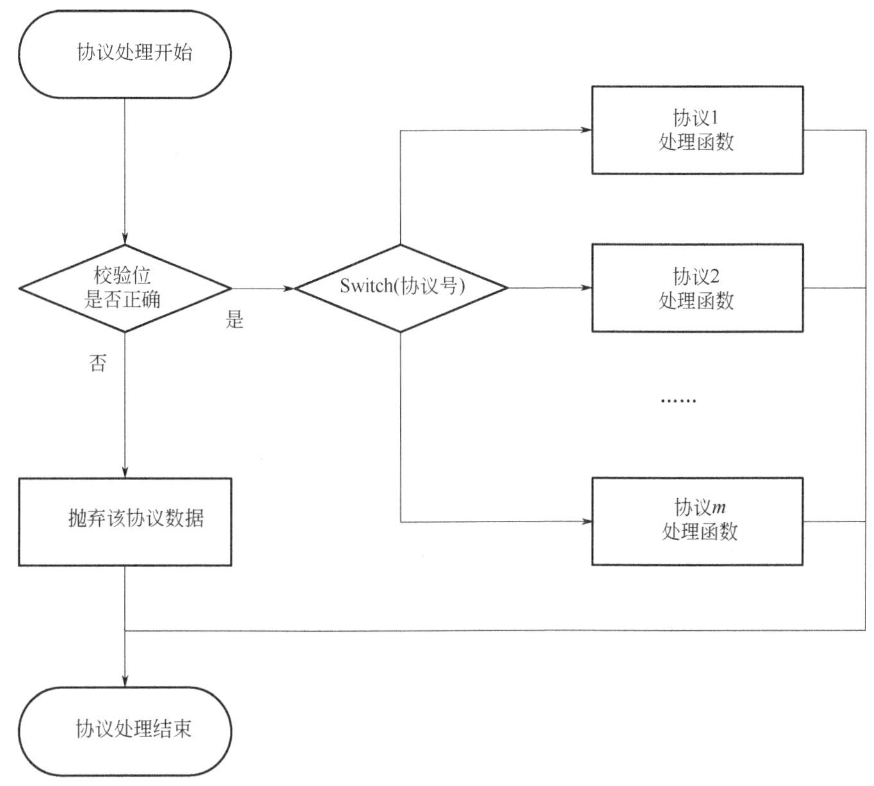


图 7.31　提整协议处理流程

**步骤 3：** 协议业务处理。

一般而言，每一条协议都有对应的处理函数，有的协议根据需求不同，可能需要多个处理函数。这些协议处理函数都根据具体协议业务内容进行特定的处理。

下面以时间表和控制方案的指令下发为例（基于 TCP 协议），示例代码如下。

```
//*********************************************
//宏定义
#define TCP_SVR_PORT 60555        //下位机 TCP 服务端的通信端口号
//自定义函数声明
int control_command_receive();
//主函数中增加指令接收线程
pthread_t thread_id_02;
int ret_02 = pthread_create(&thread_id_02, NULL, (void*)control_command_
receive, NULL);
if (ret_02 != 0)
{
    printf("Create pthread error!\n");
```

```
        exit(1);
    }
    else
    printf("Create pthread success!\n");
    //自定义函数内容
    int control_command_receive()
    {
        int sock_fd, acc_fd;
        struct sockaddr_in serv_addr;
        sock_fd = socket(AF_INET, SOCK_STREAM, 0);
        if (sock_fd == -1)
         {
            perror("socket error: ");
            exit(errno);
        }
        bzero(&serv_addr, sizeof(serv_addr));
        serv_addr.sin_family = AF_INET;
        serv_addr.sin_port = htons(TCP_SVR_PORT);
        serv_addr.sin_addr.s_addr = htonl(INADDR_ANY);
        if (bind(sock_fd, (struct sockaddr*)&serv_addr, sizeof(serv_addr)) == -1)
        {
            perror("bind error: ");
            exit(errno);
        }
        if (listen(sock_fd, 10) == -1)
        {
            perror("listen error: ");
            exit(errno);
        }
        struct sockaddr_in cli_addr = { 0 };
        socklen_t cli_addr_len = sizeof(struct sockaddr);
        while (1)
        {
            acc_fd = accept(sock_fd, (struct sockaddr*)&cli_addr, &cli_addr_len);
             if (acc_fd == -1)
             {
               perror("accept error: ");
               exit(errno);
            }
             printf("ip(%s), port(%d), client connect !\n", inet_ntoa(cli_addr.
```

```
sin_addr), ntohs(cli_addr.sin_port));
          while (1)
           {
              char buf[80];
              int len = recv(acc_fd, buf, sizeof(buf), 0);
              if (len == -1)
              {
                 perror("recvfrom: ");
                 exit(errno);
              }
              if (len == 0) continue;
              else
              {
                 buf[len] = '\0';
                 printf("from ip(%s), port(%d), len(%d) client message\n", inet_
ntoa(cli_addr.sin_addr), ntohs(cli_addr.sin_port), len);
                 int i;
                 printf("0X: ");
                 for (i = 0; i < len; i++)
                    printf("%02X ", buf[i]);
                 printf("\n");
                 //步骤 1:协议数据提取
                 char data[80];
                 int data_count = len - 2;
                 if ((buf[0] == 0x7E) && (buf[len - 1] == 0x7D))
                 {
                    int j = 0;
                    for (i = 0; i < len - 2; i++)
                    {
                       if (buf[i + 1] == 0x5C) //转义字符判断
                       {
                          i++;
                          data_count--;
                       }
                       data[j] = buf[i + 1];
                       j++;
                    }
                    data[j] = '\0';
                    for (i = 0; i < data_count; i++)
                       printf("%02X ", data[i]);
```

# 第 8 章 信号控制系统管理平台设计

交通信号控制系统是现代城市交通管理系统的中枢系统之一，也是智能交通系统的重要组成部分。其功能是负责整个城市的路面道路交通状况控制，全面、连续地监视和控制路口的交通信号，通过时间来分配通行权，满足空间交通需求同时保障交通安全。

城市交通信号管理与控制系统，作为交通信号控制系统的中心，在信号控制器的交通控制以及数据采集的基础上，结合交通信号控制优化模型和数据分析管理模型，实现了系统级别的信号管理和优化控制，从中心实现对交通信号的集中化管理。

本章以某型号信号控制系统为例介绍管理平台的设计方案。该信号控制管理系统界面整体分为四个部分：用户管理模块、配置模块、监控模块和数据查询模块。其结构如图 8.1 所示。

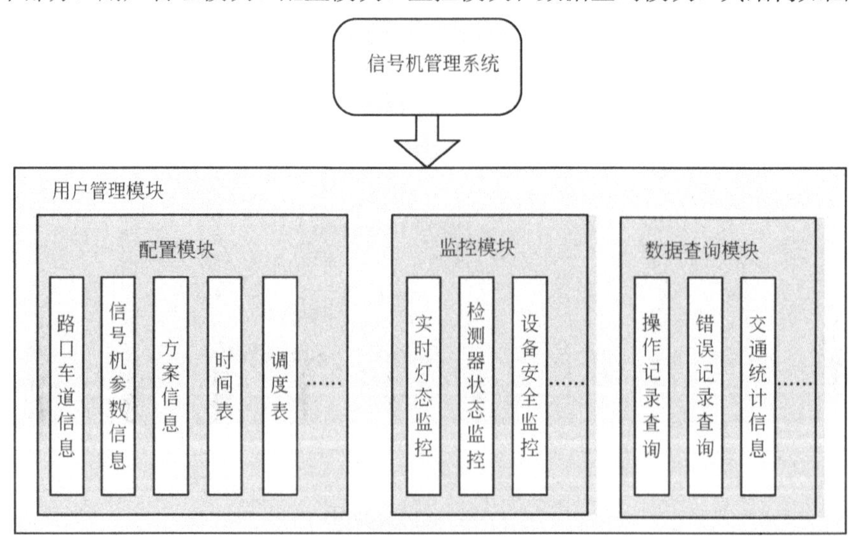


图 8.1　信号机管理系统功能结构

# 8.1　系统管理模块

系统管理模块用于管理用户信息、用户权限以及安全性等问题。

对于用户权限，该系统将用户类型分为最高级、配置级和监控级三类。

① 最高级用户只有一个，可以进行添加用户、删除用户等操作。

② 配置级用户进行信号机日常管理，包括方案配置、监控、数据查询权限。

③ 监控级用户只能进行信号机监控及数据查询，没有系统配置权限。

用户可以通过用户名和密码登录信号机管理系统，登录后可对密码进行修改等操作。最高级管员具有操作其他用户账号的权限。如图 8.2 所示为信号机登录界面。

图 8.2　信号机登录界面

# 8.2　配置模块

配置模块用于完成信号机运行所需信息的编辑工作，主要包括基础信息配置、控制信息配置和辅助参数配置三部分。

## 8.2.1　基础信息配置

基础信息配置包括整体信息、单元信息、输入和输出设备信息、路网信息以及路口空间信息五部分。

### （1）整体信息

整体信息以表格形式进行配置，主要内容是信号机信息、网络信息、维护信息等，如图 8.3 所示。

① 信号机信息：信号机编号、安装日期、版本、控制路口数。

② 网络信息：本地 IP、网关、中心 IP、子网掩码、中心端口、控制端口、监视端口。

③ 维护信息：所属单位、负责人、联系方式；维护公司、负责人、联系方式。

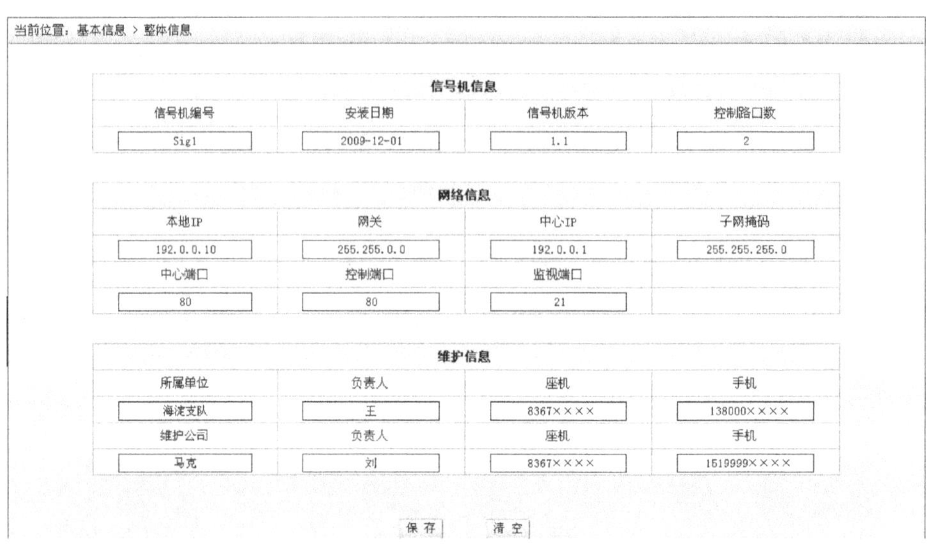


图 8.3　基础信息配置（整体信息）

### （2）单元信息

单元信息是信号机各模块配置及软件版本信息，包括 ISDU（工控机）、LCU（本地控制单元）、DPU（检测处理单元）、LDU（灯驱动单元）、LFU（故障检测单元）五大模块，如图 8.4 所示。编辑内容包括模块 ID、所属信号机、软件版本、更新日期。

图 8.4　基础信息配置（单元信息）

### （3）输入和输出设备信息

输入设备，即检测输入端，内容包括检测板在线信息、输出对象、对象名等，如图 8.5

所示（该部分配置在后续界面，这里列出该表是为用户查看方便）。其中检测器输入信号可以定位多种类型：近线圈、中线圈、远线圈、公交优先信号、过街行人灯按钮信号等。

当前位置：基本信息 > 输入设备（本部分编辑请进入控制配置部分）

检测器信息

| 检测板编号 | 是否在线 | 检测器编号 | 输出对象 | 对象名 |
|---|---|---|---|---|
| 1 | ✓ | 1 | 线圈 | 西左转近线圈 |
| | | 2 | 线圈 | 西中线圈 |
| | | 3 | 线圈 | 东出口线圈 |
| | | 4 | 线圈 | 东直行近线圈 |
| 2 | ✓ | 5 | 线圈 | 南远线圈 |
| | | 6 | 线圈 | 北直行近线圈 |
| | | 7 | 线圈 | 东南中线圈 |
| | | 8 | | |
| 3 | ✓ | 9 | | |
| | | 10 | | |
| | | 11 | | |
| | | 12 | | |
| 4 | ✓ | 13 | | |
| | | 14 | | |
| | | 15 | | |
| | | 16 | | |

图 8.5　基础信息配置（输入设备信息）

输出设备，即灯驱动端组，内容包括灯板在线信息、输出对象、对象名及相位等，如图 8.6 所示（该部分配置在后续界面，这里列出该表是为用户查看方便）。其中，对象类型分为灯组、可变标志、行人过街灯等。对于灯组会将其关联至相位。

当前位置：基本信息 > 输出设备（本部分编辑请进入控制配置部分）

端组输出信息

| 灯板编号 | 是否在线 | 端组编号 | 输出对象 | 对象名 | 相位 |
|---|---|---|---|---|---|
| 1 | ✓ | 1 | 灯组 | 南机动车直行灯 | 机动车相位1 |
| | | 2 | 灯组 | 南机动车左转灯 | 机动车相位2 |
| | | 3 | 灯组 | 东机动车直行灯 | 机动车相位3 |
| | | 4 | 灯组 | 东机动车左转灯 | 机动车相位4 |
| 2 | ✓ | 5 | 灯组 | 北机动车直行灯 | 机动车相位5 |
| | | 6 | 灯组 | 北机动车左转灯 | 机动车相位6 |
| | | 7 | 灯组 | 西机动车直行灯 | 机动车相位7 |
| | | 8 | 灯组 | 西机动车左转灯 | 机动车相位8 |
| 3 | ✓ | 9 | 灯组 | 南行人灯 | 行人相位1 |
| | | 10 | 灯组 | 东非机动车直行灯 | 非机动车相位1 |
| | | 11 | 行人过街灯 | E_Num_1_机动车 | |
| | | 12 | 行人过街灯 | E_Num_1_行人 | |
| 4 | ✓ | 13 | | | |
| | | 14 | | | |
| | | 15 | 可变标志 | 限左 | |
| | | 16 | 可变标志 | 12 | |

图 8.6　基础信息配置（输出设备信息）

### （4）路网信息

路网信息主要进行路口基础信息及路网相关信息的配置，如图 8.7 所示。

① 路网信息：路口 ID、路口名、路口底图、交叉道路。

② 道路（Wlink）信息：来向、车道数、长度、容量、最大车速、期望车速、上游路口 ID 等内容。

当前位置：基础信息 > 路网信息

路网信息

| 路口ID | 路口名 | 路口底图 | 交叉道路1 | 交叉道路2 |
|---|---|---|---|---|
| Int1 | 五道口 | Int1.jpg | 成府路 | 中关村东路 |

Wlink信息

| 使能 | 来向 | 车道数 | 长度 | 容量 | 最大车速 | 期望车速 | 上游路口ID |
|---|---|---|---|---|---|---|---|
| ☑ | 东 | 4 | 300 | 100 | 60 | 40 | Int2 |
| ☐ |  |  |  |  |  |  |  |
| ☑ | 南 | 4 | 300 | 110 | 50 | 35 | Int3 |
| ☐ |  |  |  |  |  |  |  |
| ☑ | 西 | 4 | 300 | 80 | 60 | 40 | Int4 |
| ☐ |  |  |  |  |  |  |  |
| ☑ | 北 | 4 | 300 | 90 | 50 | 35 | int5 |
| ☐ |  |  |  |  |  |  |  |

保存　清空

图 8.7　基础信息配置（路网信息）

### （5）路口空间信息

路口空间信息是基础信息中最重要的部分，主要完成路口底图、车道、检测器、相位等内容的编辑，如图 8.8 所示。

① 车道：车道编号、来向、转向、宽度、饱和流量、蓄车带长度。

② 检测器：检测器类型、所属车道、检测通道、距离、是否实检测器。

③ 相位：类型、编号、来向、转向、端组通道、包含车道、特殊灯序定义。

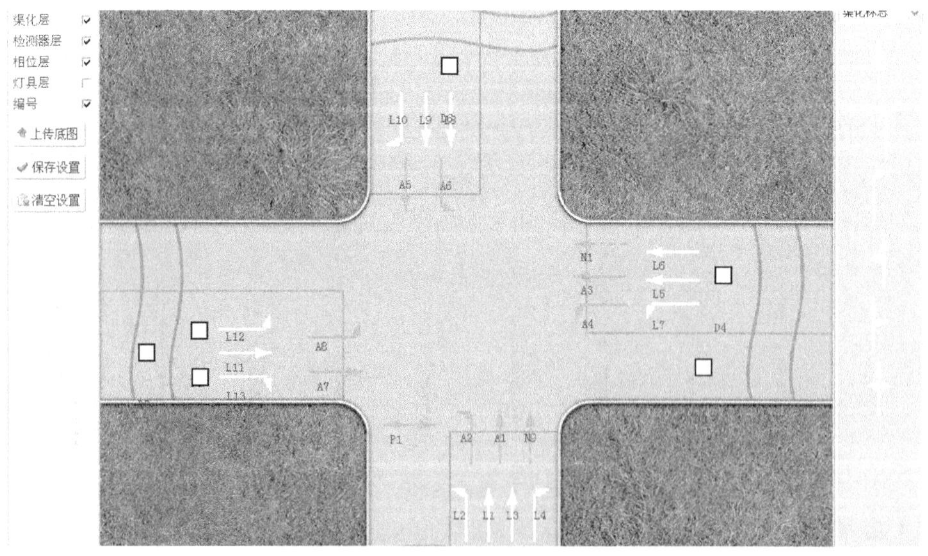


图 8.8　基础信息配置（路口空间信息）

## 8.2.2　控制信息配置

控制信息配置包括相位配置、阶段配置、阶段链配置、方案配置、时间表配置、调度表配置、可变标志配置等内容。

### （1）相位配置

相位编辑主要完成主从相位分配、主相位和从相位属性编辑工作。该页面将空间配置中定义的相位提取出来，用户通过点击相位图标改变相位属性。暗色为从相位，亮色为主相位。如图 8.9 所示，P1（1 号行人相位）和 N1（1 号非机动车相位）被定义为从相位。系统初始默认所有相位为主相位。保存主从分配之后，用户可通过左侧功能栏进行主从相位属性编辑、冲突表、过渡时间表的设置。

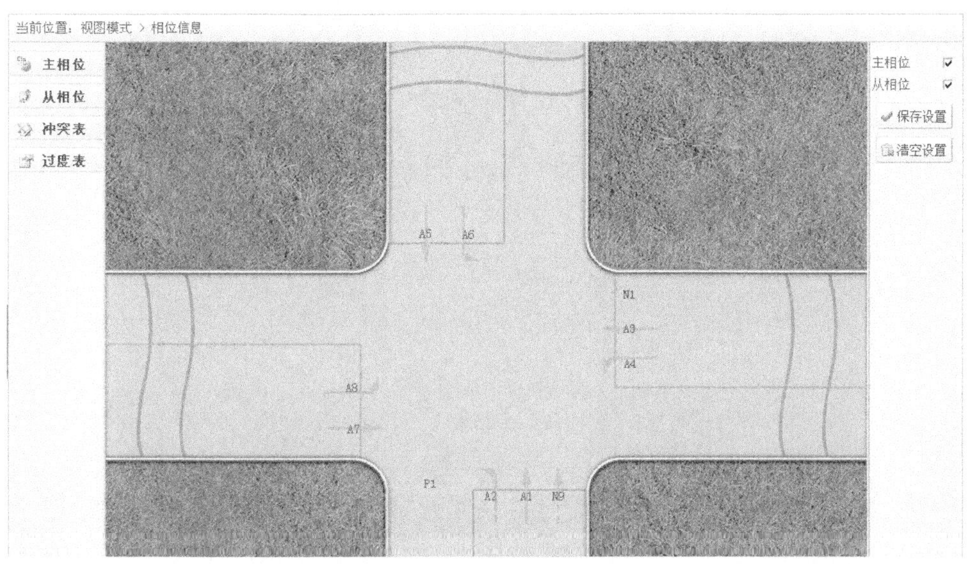


图 8.9　控制信息配置（相位）

### （2）阶段配置

阶段配置界面在相位配置的基础上编辑所需阶段，如图 8.10 所示。在主视图中，通过点击图标放大或缩小图标进行相位选定，阶段 1 包含了 A5、A1、N9 三个相位。界面右侧图标为后续阶段链所需示意图，可通过选择预置图标或者本地上传进行设置。界面左侧为已编辑阶段列表，点击列表名名称可查看其相关信息。

### （3）阶段链配置

阶段链编辑是方案编辑的基础，阶段链将已经编辑完成的阶段组合成序列，供方案使用。如图 8.11 所示，右侧列表为已经编辑的阶段，新建阶段链可对其进行插入、删除等操作。左侧列表为已编辑的阶段链，点击名称可查看和修改器相关信息。

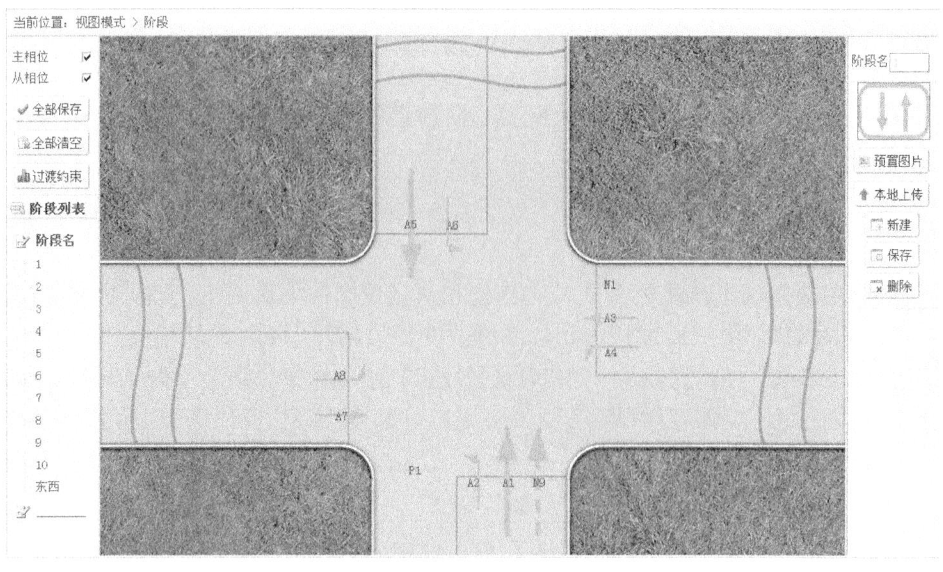


图 8.10　控制信息配置（阶段）

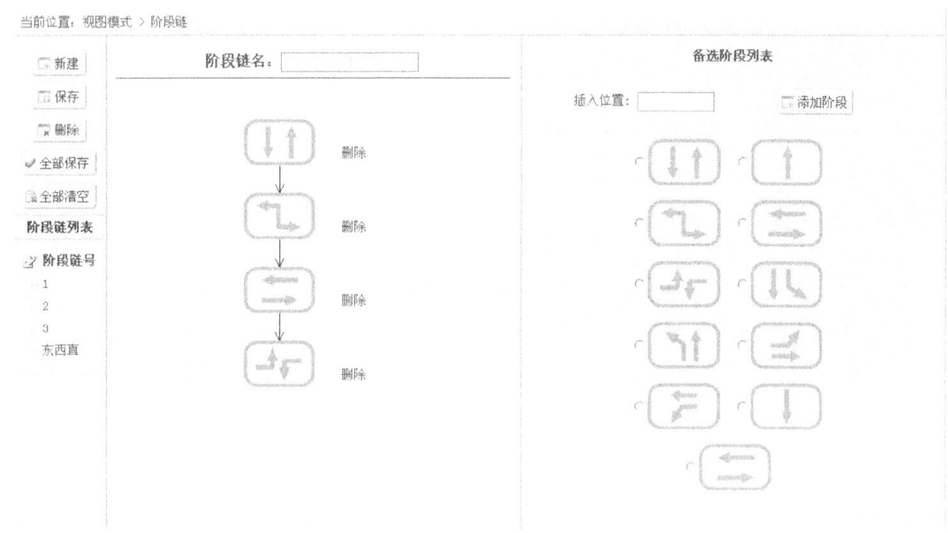


图 8.11　控制信息配置（阶段链）

## （4）方案配置

方案可设置为多种类型，包括固定配时、半固定配时、感应控制。

① 固定配时：周期、相位差、各阶段时长均固定。

② 半固定配时：周期确定、阶段时长可动态调整，各个阶段具有申请或强制属性。

③ 感应控制：如图 8.12 所示，可对其主从相位最小绿、最大率及 Delay 进行设置，并定义其检测器事件触发及动作方式。

方案配置首先选择方案类型，并从右侧阶段链列表选择所用阶段链。主视图中上端为方案整体信息，点击各个阶段图标可编辑阶段内信息。左侧列表为已编辑方案，点击名称可查看及修改相关内容。

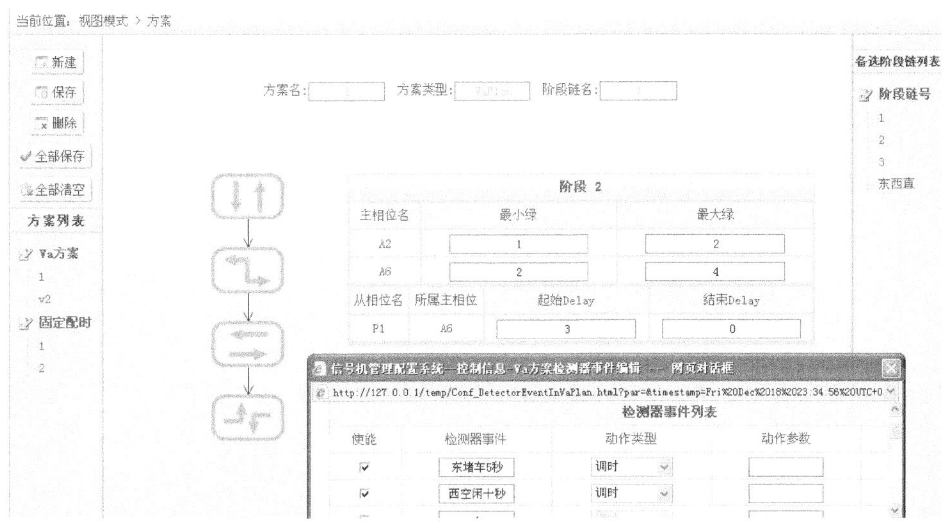


图 8.12　控制信息配置（方案）

## （5）时间表配置

时间表主要为一天进行时段划分并制定方案及备用方案，如图 8.13 所示。主视图中初始为 00：00：00～24：00：00，通过插入分割点进行时段划分。取消时段通过列表前段的按钮删除。时段方案中备用方案为前一方案无法正常运行时所需，一般为固定配时方案。左侧列表为已编辑时间表信息。右侧列表为已编辑方案信息，通过右键可查看具体内容。

图 8.13　控制信息配置（时间表）

## （6）调度表配置

调度表在类型上分为阴历、阳历、星期三种，如图 8.14 所示。调度表可以编辑的内容包括：日期类型，日期值，时间表，优先级，一次性选项（主要为重大活动所需）。

图 8.14　控制信息配置（调度表）

### （7）可变标志配置

可变标志配置可独立完成可变标志所有相关内容的编辑，如图 8.15 所示。顶部编辑该可变标志名称并选择输出端组号。下部为该可变标志在一天时间内的动作方式。左侧为已编辑可变标志信息。

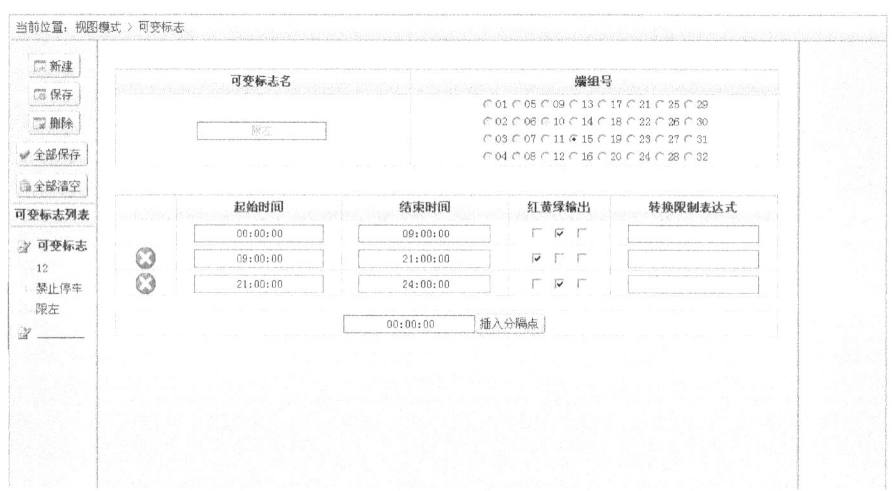


图 8.15　控制信息配置（可变标志）

## 8.2.3　辅助参数配置

辅助参数配置包括过渡灯态、黄闪绿闪参数、数据上报参数等内容。

### （1）过渡灯态

过渡灯态分为机动车、非机动车、行人三类过渡灯态编辑，如图 8.16 所示。相位将直接进行关联。

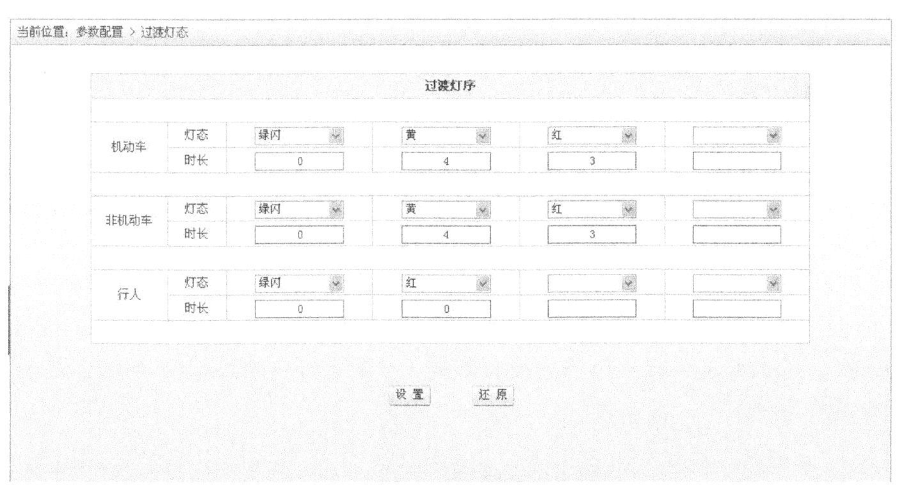


图 8.16　辅助参数配置（过渡灯态 1）

对于特殊需求的相位，可单独定义其过渡灯态。在空间配置双击其相位图标可见如图 8.17 所示编辑框。点击独自定义可激活该相位特定过渡灯态编辑。

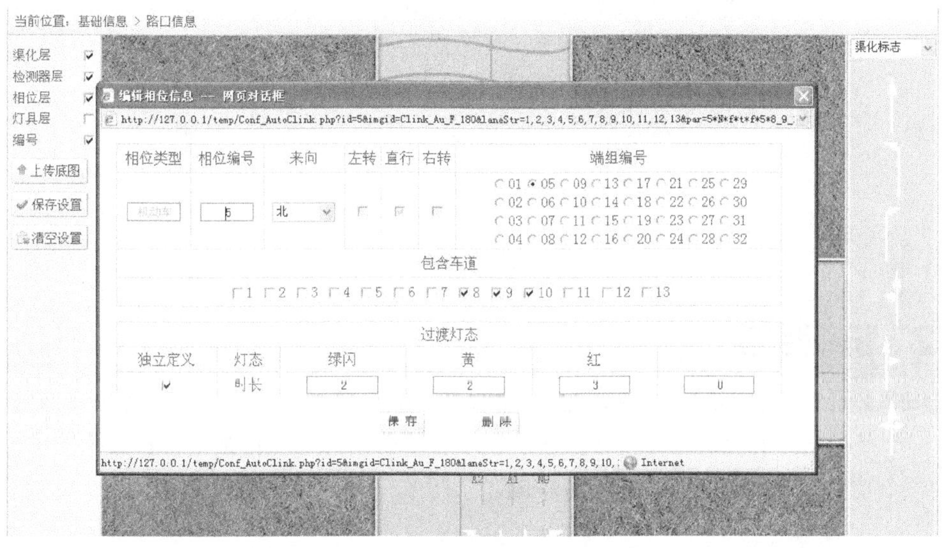


图 8.17　辅助参数配置（过渡灯态 2）

### （2）黄闪绿闪参数

黄闪绿闪参数配置包括绿闪、软黄闪、硬黄闪三种类型，其中每种类型又包括频率、占空比两个参数。

### （3）数据上报参数

数据上报参数主要是信号机各个模块上报数据频率的设置，包括 DPU 检测数据上报频率、统计数据上报频率、LFU/DPU 板在线监测上报频率、CMU 机柜检测数据上报频率等。

# 8.3 监控模块

监控模块可以对信号机的实时状态进行远程监控，包括空间监控和机柜监控两部分。

## 8.3.1 空间监控

空间监控主要包括实时灯态监控、检测器状态监控、故障报警信息监控，如图 8.18 所示。相位颜色即代表实时灯态，其中黑色为没有数据（一般为灯坏所造成）。检测器的两种图标分别表示有车无车状态。

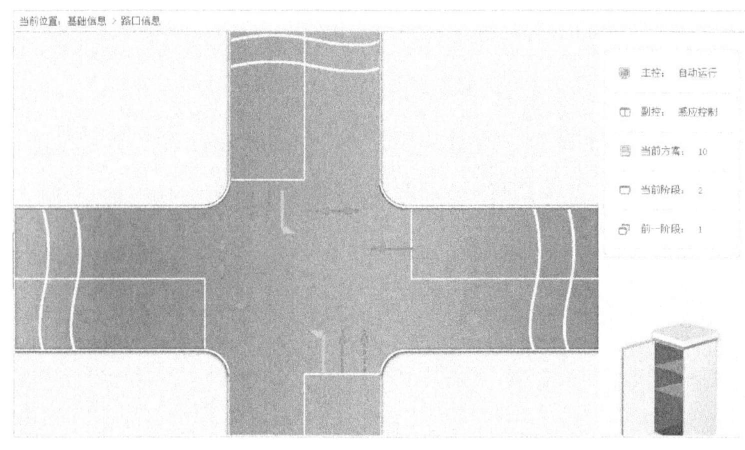


图 8.18　空间监控

## 8.3.2 机柜监控

机柜监控如图 8.19 所示，主要包括三部分：机柜指示灯监控，包括电源指示灯、灯板指示灯、检测板指示灯等内容；设备在线状态监控，主要指灯板和检测板在线状态；通信监控，主要指各个功能模块与 ISDU 通信是否中断。

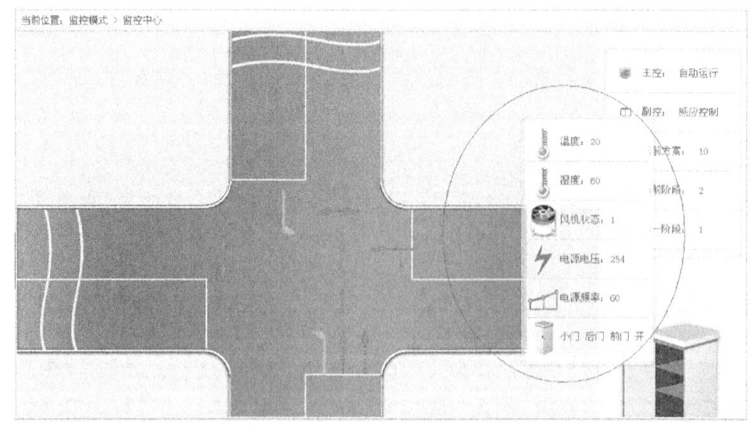


图 8.19　机柜监控

# 8.4　数据查询模块

查询模块包括管理日志、运行状态和交通数据等查询功能。

## 8.4.1　管理日志

管理日志是信号机日常操作的记录，包括以下内容。

① 用户登录信息：用户 ID、登录时间、登录方式。

② 配置操作：用户 ID、配置模块、配置时间。

③ 监控操作：用户 ID、持续时间段。

④ 机柜操作：开门卡号、开门时间、关门时间。

## 8.4.2　运行状态

运行状态查询包括一段时间内信号机运行情况，如图 8.20 所示。主要内容如下。

① 控制信息：时间表、调度表、方案运行记录。

② 报警信息：报警类型、报警模块、错误类型、错误参数、报警时间、处理结果。

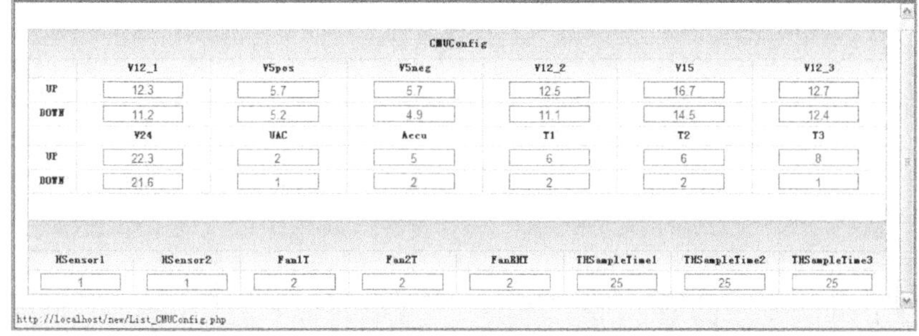


图 8.20　运行状态查询

## 8.4.3　交通数据

交通数据查询如 8.21 所示，交通数据记录值检测单元检测交通流数据，主要内容如下。

① 检测器原始数据：占有、空闲。

② 交通流统计数据：道路 ID、车道 ID、流量、占有率、平均车速。

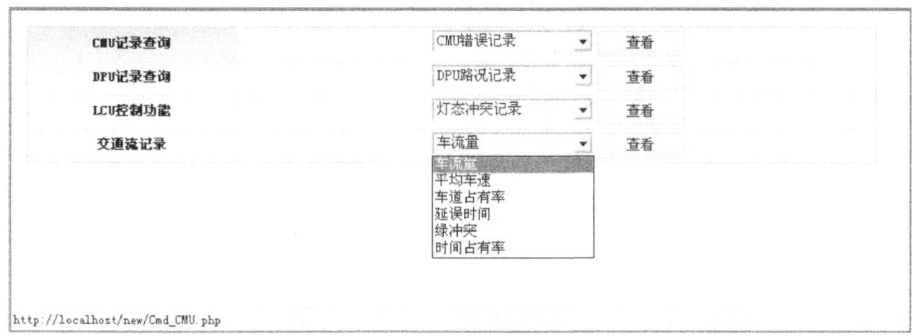


图 8.21　交通数据查询

# 参考文献


[1] 李力，王飞跃. 地面交通控制的百年回顾和未来展望. 自动化学报，2018，44（4）：577-583.

[2] Hunt P B，Robertson D I，Bretherton R D，et al. SCOOT - A Traffic Responsive Method of Coordinating Signals. Urban Networks Division，Traffic Engineering Dept. Transport and Road Research Laboratory，1981.

[3] 隋亚刚，李正熙，刘小明，等，城市智能交通控制理论与应用. 北京：中国水利出版社，2011.

[4] 张永忠，张福生，刘小明，等. 城市交通信号优化控制. 北京：中国水利出版社，2012.

[5] Qiangqiang Guo，Li Li，Xuegang Ban. Urban Traffic Signal Control with Connected and Automated Vehicles：A Survey，Transportation Research Part C，2019，101: 313-334.

[6] Li Li，Ding Wen，Danya Yao. A Survey of Traffic Control With Vehicular Communications，IEEE Transaction on Intelligent Transportation Systems，2014，15（1）：425-432.